ICO부터 장기투자까지
가상화폐
가치투자의 정석

ICO부터 장기투자까지

가상화폐
가치투자의 정석

초판 1쇄 인쇄 | 2018년 4월 10일
초판 1쇄 발행 | 2018년 4월 17일

지은이 | 조한준
펴낸이 | 박영욱
펴낸곳 | 북오션

편　집 | 허현자
마케팅 | 최석진
디자인 | 서정희 · 민영선

주　소 | 서울시 마포구 월드컵로 14길 62
이메일 | bookrose@naver.com
네이버포스트 | m.post.naver.com('북오션' 검색)
전　화 | 편집문의: 02-325-9172　　영업문의: 02-322-6709
팩　스 | 02-3143-3964

출판신고번호 | 제313-2007-000197호

ISBN 978-89-6799-361-0 (03320)

이 도서의 국립중앙도서관 출판예정도서목록(CIP)은 서지정보유통지원시스템
홈페이지(http://seoji.nl.go.kr)와 국가자료공동목록시스템
(http://www.nl.go.kr/kolisnet)에서 이용하실 수 있습니다.
(CIP제어번호: CIP2018009232)

ICO부터 장기투자까지

가상화폐
가치투자의 정석

조한준(Value Cho) 지음

북오션

　가상화폐를 처음 접하게 된 것은 2011년 일본 유학을 하던 때였다. 물론 블록체인이나 가상화폐에 대한 지식이 전혀 없었기 때문에 당시에는 단순히 디지털 페이라고만 생각하고 그 가능성에 대해서는 무심했었다. 그러던 2014년 어느 날, 비트코인의 가격이 폭락했다는 기사를 우연히 접했고 그것은 '보이지 않는 것은 가치가 0'에 불과할 것이라는 믿음을 확인하는 에피소드가 되었다.

　이후 잊고 살았던 비트코인이 직접적으로 다가온 계기는 한국가스공사 동기이자 친구인 박대호(현 '발상의 전환' 대표)가 던진 한마디였다.

　"이더리움에 대해서 아는 거 있니?"

　그 날 이후 나는 주로 단타 매매를 중심으로 트레이딩을 하면서 가상화폐의 매력과 가능성을 바라보기 시작했다. 많은 가상화폐 투자자들처럼 수없이 울고 웃었고 매일 새벽마다 차트를 보기 위해 한 시간마다 알람을 맞춰놓은 적도 있었다. 그러나 내가 받는 스트레스에 비해 얻어낸 수익은 형편없었고, 단타 매매에 대한 회의감마저 들기 시작했다.

　그런데 언제부터인지 있는 듯 없는 듯 갖고 있던 소형 코인들이 우연치 않게 오히려 더 큰 수익이 나는 것이 눈에 띄었다. 나는 이것을 계기로 가치투자와 장기투자의 가능성과 대단함에 관심을 갖게 되었으며, ICO부터 장기투자까지 감이나 스킬이 아닌 '정석'으로 해결할 수 있는 부분을 찾기 시작했다. 블록체인에 대한 논문부터 산업구조 분석까지 닥치는 대로 공부하면서 실투자에 어떻게 적용가능한지를 고민했다.

　결국 나는 이렇게 갈피를 잡을 수 없는 카오스처럼 보이는 가상화폐 트레이딩 시장에서도 무언가 객관적인 기준이나 평가요소를 도입할 필요가 있다고 생각하였다. 그렇게 된다면 일정한 투자 기준이나 장기적인 투자를 희망하는 투자자들에게 훨씬 도움이 될 수 있을 것이라 판단하였다. 이러한 문제인식을 기본으로 여러 관련 분야를 탐색하고 연구와 시뮬레이션, 자문 끝에 가상화폐의 가치평가에 있어 어느 정도의 기준을 세울 수 있게 되었다.

나는 가상화폐와 블록체인은 불가분의 관계이며 4차 산업혁명에 있어 필수적으로 다뤄져야만 하는 요소라고 생각한다. 그 때문에 사회적으로 블록체인에 대한 인식이 높아지고 더 많이 활용되었으면 하는 바람으로 2017년 밤낮없이 그룹모임과 스터디를 통해 회사에 연구제안서를 제출하기도 했다. 그 결과 한국가스공사의 새로운 사업에 블록체인 관련 기술을 도입하여 효율적인 공사경영에 작은 디딤돌을 놓는 계기를 만들기도 했다.

끝으로 언제나 든든한 조력자이신 어머니, 늘 힘이 되어주는 사랑스러운 예비신부 예지, 감수를 맡아준 이국기 감정평가사, 항상 함께해 준 크맨 박대호, 박희정, 권순호, 박재순 등 발상의 전환 구성원들 그리고 새롭게 인연을 맺게 된 팀터바인 멤버들, 애기무당, 김홍운 지회장님, 로맨티스트 권배정, 황보준 과장님을 비롯한 한국가스공사 선후배님들에게 감사의 인사를 보낸다.

조 한 준

목차
C O N T E N T S

Chapter 03　가상화폐 가치투자 실전편

Chapter 01

블록체인과
가상화폐

블록체인이란 무엇인가

– 4차 산업혁명을 선도하는 핵심기술
– P2P 네트워크를 이용한 탈중앙화, 신뢰시스템

2017년 말에서 2018년 현재에 이르기까지 폭발적인 기세로 세상을 떠들썩하게 한 가상화폐와 그 배경이 되는 블록체인. 대한민국 사람이라면 가상화폐에 대해 어떤 선입관이나 가치관을 갖고 있든 한 번쯤은 이러한 용어를 접했을 것이다. 하지만, 왜 그렇게 많은 사람들이 이 새로운 대상에 열광하는지, 도대체 그것이 어떤 기술인지에 대해 이해하는 사람은 많지 않다. 따라서 흔히 주식 종목에 투자하기 전에 주식 시황이나 기업의 재무제표를 미리 공부하듯, 가상화폐 투자에 관심을 갖고 이 책을 펼쳐 든 사람들은 적어도 블록체인이 어떤 것인지에 대한 기초적인 지식은 가져야 할 필요가 있다.

블록체인(Block Chain)이란 간단히 정리하면 '데이터 분산 처리 기술'이자

블록체인의 특징인 투명성, 보안성, 효율성

투명성	블록체인은 모든 정보가 구성원 전체에 공개되기 때문에 기존 시스템보다 훨씬 투명한 거래가 가능하다.
보안성	동시에 모든 노드(node)를 점령하지 않는 한 블록체인은 해킹으로부터 안전하다.
효율성	블록체인은 중개자가 없는 시스템이기 때문에 중개 수수료가 사라져 기존보다 훨씬 저렴한 비용으로 거래가 가능하다.

'공공거래장부'를 말한다. 즉, 한 네트워크에 참여하는 모든 사용자에게 거래 내역 등의 정보가 분산 저장되는 것이다. 네트워크에 참여하는 이들은 각각 개인의 장부를 보유하고 있으며, 거래가 일어날 때마다 자동적으로 이 장부에 거래내용이 기록되고, 일정한 시간마다 지속적으로 거래들의 합법성 및 정확성이 검토된다. 구성원들의 동의에 의해 합법성이 인정된 정상적인 거래는 블록(block)의 형태가 되어 순차적으로 사슬(chain)의 구조를 띠게 된다.

이러한 블록체인의 특징은 탈중앙화, 신뢰와 보안을 강점으로 갖는다.

탈중앙화

블록체인이 기존의 거래시스템과 다른 가장 큰 특징은 통제권을 가진 중앙시스템의 무존재성이다. 나카모토 사토시의 논문 모티프가 된 금융 분야를 먼저 예를 들어보자. 기존에 우리는 대부분의 거래를 은행이라는 중앙시스템(중개자)을 통하고 은행은 이용자들의 서래내역이 담긴 모든 장부를 보유하고 있다. 만일 A라는 사람이 B에게 10만 원을 송금한다면 우리는 A→은행→B라는 세 단계의 경로를 통해 소유권을 이전시킨다. 하지만, 블록체인의 경우 모든 이용자들이 P2P로 직접 거래하여 중간 거래자가 필요하지 않다. 이러한 중앙시스템의 불필요함은 먼저 거래비용의 감소화를 가져올 수 있다. 현재는 다른 사람에게 송금을 할 때 송금수수료라는 일정 비용을 은행에 지급하지만 블록체인 시스템 하에서는 이러한 비용을 사라지게 할 수 있다.

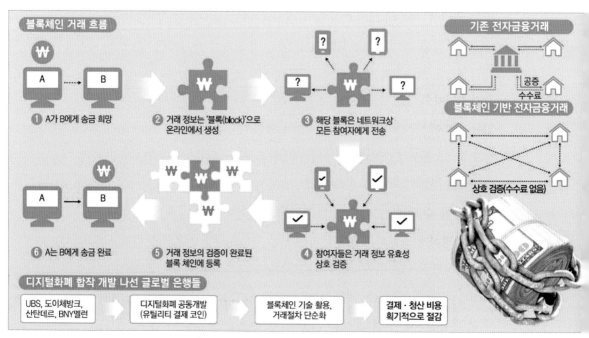

기존 은행 시스템과 블록체인 하에서의 거래 흐름 비교
http://news.mk.co.kr/newsRead.php?sc=30000001&year=2016&no=602337(출처)

신뢰와 보안

현대 사회에서 권력의 집중은 필연적으로 비리나 정보의 독점, 해킹의 위험에 노출된다. 중간 거래자가 모든 거래를 독점하고 관리하는 시스템 하에서 안전한 거래가 되기 위한 전제 조건은 첫째, 중간거래자가 정보의 독점이라는 권력을 이용해 개인의 이득을 취하려 하지 않을 것과 둘째, 이용자들이 중간거래자를 전적으로 신뢰하는 것이다. 이 중에서 중요하게 작용하는 것은 네트워크 참여자들의 중앙시스템에 대한 무한한 신뢰이지만, 현실 세계에서 중간거래자의 정보 독점을 이용한 착복이나 비리가 비일비재하게 일어나고 있는 상황에서 이러한 시스템은 점점 한계를 보이고 있다.

또한 한 곳으로 집중된 중앙시스템의 존재는 해커들의 좋은 먹잇감이 될수 있다. 이를 방지하기 위하여 중간거래자는 많은 비용을 쏟아가며 보안에더 치중할 수밖에 없다. 반면 블록체인은 모든 데이터가 네트워크 참여자들에게 투명하게 공개되기 때문에 이용자들은 안심하고 시스템을 신뢰할 수 있다. 그 뿐만 아니라 블록체인은 구조상 전체 블록의 51% 이상을 동시에 점유해야만 조작이나 해킹이 가능하기 때문에 블록체인의 길이가 늘어나면 날수록 보안 유출의 위험이 급격하게 줄어든다.[1]

비유하자면 블록체인은 여러 명이 동시에 접속해 있는 '단체 메신저방'이라고 생각할 수 있다. 하나의 채팅은 시간에 따라 채팅방 안에 기록되어(타임스탬프) 모든 구성원들이 데이터를 보관하는 블록이 된다. 만일 한 사람이 자신이 말한 내용을 지우거나 되돌리고 싶다면 그 메신저방 안에 있는 모든 사람의 휴대폰을 해킹하여 각각 기록을 지워버리는 수밖에 없다.

---

1 현재까지 비트코인 거래소가 해킹을 당한 경우는 있으나, 비트코인이 해킹을 당한 사례는 없다.

블록체인의 종류

블록체인은 크게 퍼블릭 블록체인(Public Blockchain), 컨소시엄 블록체인(Consortium Blockchain), 프라이빗 블록체인(Private Blockchain)으로 분류할 수 있다. 퍼블릭 블록체인은 공개된 형태의 블록체인으로 누구나 이용할 수 있고 누구든지 접근 열람권과 이용권을 가지고 있는 것을 말한다. 비트코인과 이더리움 같은 대부분의 가상화폐들이 퍼블릭 블록체인에 해당한다.

컨소시엄 블록체인은 미리 선정된 이용자에 의해 통제되는 반 중앙형 블록체인이다. 다시 말해 몇몇 기관들에 한해서 승인된 동의를 통해 오로지 검증된 자만 참여가 가능하다. 대표적인 글로벌 컨소시엄 블록체인에는 R3가 있다. R3에는 우리나라 5개 은행(국민·신한·우리·하나·농협)과 마이크로소프트와 인텔, 오라클 등 선진국 IT기업과 40여 개 회원사들이 참여하고 있다. 마지막으로 프라이빗 블록체인은 오직 단 한 개의 주체에 의해 이용되는 것으로 오버스톡(Overstock)이 대표적이다.

블록체인의 종류

블록체인종류	퍼블릭 블록체인 (Public Blockchain)	컨소시엄 블록체인 (Consortium Blockchain)	프라이빗 블록체인 (Private Blockchain)
사용주체	누구나 접근 가능	미리 선정된 이용자만 가능	단 한 개의 주체만 가능
종류	비트코인, 이더리움	R3	Overstock

블록체인의 활용가능 분야

블록체인은 4차 산업혁명의 핵심 기술인만큼 금융 분야뿐만 아니라 일상생활 여러 분야에 활용이 가능하다. 하지만 아직 대중들에게 일반화되지 않은 기술 단계에 있기 때문에 기업들도 대중적 상용화를 실현하기보다는 보안이나 전송속도의 개선, 수수료 같은 비용 절감의 측면에서 시범사업의 형식으로 활용하고 있다.

① 금융 분야의 블록체인 활용과 사례

· 전자화폐, 해외송금, 고객정보 등 데이터 저장 및 보호
· 전자화폐는 외부 신용기관을 거치지 않고 이용자 간의 개별 인증을 통해 안전한 유통이 가능한 방식의 암호화를 거치게 될 수 있음
· 해외 송금의 경우 수수료를 획기적으로 낮출 수 있을 것으로 예상됨

● 나스닥 장외주식거래소인 프라이빗 마켓(Private Market)에서 거래승인 절차를 자동화하고 실물증권을 안전하게 보관
● 신한은행: 외환 송금서비스에 블록체인 기술을 적용한 스타트업과 협업 중
● KB국민은행: 외환송금서비스, 개인인증서, 문서보안 서비스 등에 국내 스타트업과 제휴를 추진하고 서비스 개발에 15억 원 투자
● NH농협은행: NH핀테크 오픈플랫폼 사업 추진의 일환으로 서비스 모델링을 위해 핀테크 기업 20곳과 양해각서를 체결, 이 중 국내 최초 비트코인 거래소인 코빗 포함
● KEB하나은행: 핀테크 기업 육성센터를 통해 협업 준비 중

② 물류 분야의 블록체인 활용과 사례
 · 유통의 가시성을 제고하고 서류, 행정처리 비용과 시간을 절감할 수 있다

　2017년 9월, 삼성 SDS는 관세청, 해양수산부, 한국해양수산개발원, 부산항만공사, 현대상선, 남성해운과 제휴하여 해운물류 블록체인 컨소시엄을 실시하고 시범프로젝트를 통해 부산항에서 중국 청도, 대련항으로 향하는 수출물량을 대상으로 블록체인 기술을 도입했다. 삼성SDS에서 발표한 시범 사업의 성과는 다음과 같다. 먼저, 높은 수준의 암호화로 수출·입 관련 서류의 위·변조 가능성을 차단해주는 블록체인 기술의 가능성 확인, 물류와 관련된 업무 문서와 화물 위치정보 등을 관계자 모두에게 실시간으로 공유함으로써 업무처리의 신속성이 증가되었다는 점, 블록체인 기술을 통해 실시간으로 유관기관에 모든 정보가 공유됨으로써 종이문서나 이메일을 사용하는 불편함과 제반 행정 비용이 감소하였고 정확도와 신뢰성이 높아졌다.

③ 에너지·전력 분야의 블록체인 활용과 사례
 · 전력, 에너지 거래의 전자화폐로의 활용
 · 자동물량 계량 및 정산
 · 전기차 충전 및 지불

　한국전력은 2018년 1월, 블록체인 기반 이웃 간 전력거래(에너지 프로슈머) 및 전기차 충전 서비스를 구축하고 시범사업에 돌입했다. 한전은 블록체인 기반 전력거래 플랫폼을 구축하였고, 이를 통해 실시간으로 최적의 프로슈

머와 소비자를 연결하고 '에너지포인트'로 즉시 거래할 수 있게 했다. 보유한 '에너지포인트'는 전기요금 납부 외에도 현금으로 환급받거나 전기차 충전소에서 지급결제수단으로 활용할 수 있다. 뿐만 아니라, 한전은 블록체인 기반 EV 충전 서비스 운영 시스템을 구축하고 충전서비스, 대외 업무처리, 충전이용 고객 지원 서비스 등 EV 전 분야에 블록체인을 적용하고 있다. 충전소와 충전기, 충전인프라 정보, 충전회원 등록자 정보, 충전사업자별 요금 정보 등을 관리하도록 하였다.

④ 의료 분야의 블록체인 활용과 사례
· 의료정보의 보안성과 투명성 제고

의료 블록체인 플랫폼인 메디블록은 폐쇄적이었던 개인의 의료 정보를 지역 간의 한계를 극복하여 병원과 환자가 공유하는 것을 목표로 한다. 2018년 1월 10일 국회 의원회관에서 열린 '의료 분야에서 블록체인을 활용하는 방안'을 주제로 한 정책간담회에서 김주한 서울대의대 의료정보학 교수는 "블록체인을 통해 보험 청구정보를 관리한다면 실시간 청구와 심사, 지급이 가능하다. 안정성과 접근성, 암호화를 장점으로 하는 블록체인은 보험 청구정보 관리에도 신뢰를 높인다. 블록체인은 의료기록 원본 보장과 보험청구, 임상시험 정보 투명성, 의료전달체계 강화, 코인 발행에 따른 새로운 보상체계를 가능케 할 것"이라고 말했다.

가상화폐를 둘러싼
'뜨거운 질문들'

가상화폐란 무엇인가

비트코인이나 이더리움 등의 가상화폐는 영어로 'cryptocurrency'라고 한다. 이는 매우 암호화된 기술을 바탕으로 하고 있기 때문에 암호학(cryptography)과 통화(currency)에서 유래한 용어이다. 하지만 우리나라에서는 cryptocurrency를 어떠한 명칭으로 불러야 할지에 대해 의견이 분분하다. 먼저 대부분의 한국 가상화폐 거래소에서는 cryptocurrency의 직역에 가까운 '암호화폐'라는 용어를 주로 사용한다. 이는 가상화폐가 투기나 도박의 대상이 아닌 블록체인이라는 기술에 근간한 것이라는 점을 강조하기 위한 선택이다.

반면, 2018년 1월 18일 국회 정무위원회의 가상화폐 대책 현안보고에서 홍남기 국무조정실장이 발언했던 "정부로서는 가상통화가 아직 화폐적 기능을 하고 있는 것은 아니기에 화폐라는 용어는 가급적 안 쓰려 한다"는 표현에서 볼 수 있듯 정부나 공공기관에서는 의도적으로 '가상통화(virtual currency)'라고 부르곤 한다. 정부로서는 아직 가상화폐를 주식이나 채권 같은 자산으로 인정할 수 없다는 입장을 가지고 있기 때문이다. 같은 선상에서 2018년 1월 11일 법무부에서는 '가상 증표'라는 용어를 제시하기도 하였다.[2]

유럽중앙은행(ECB), 미국 재무부, 유럽은행 감독청에서 내린 정의에 따르면, 가상화폐란 정부에 의해 통제받지 않는 디지털 화폐의 일종으로 개발자가 발행 및 관리하며 특정한 가상 커뮤니티에서만 통용되는 결제 수단을 말한다.[3]

이 정의에 따르면 대부분의 암호화폐는 디지털 화폐이면서 가상화폐가 되어야 한다. 그러나 온라인과 오프라인 매장에서 점점 결제 수단으로서 인정받고 있는 비트코인 등은 디지털 화폐이면서도, 가상화폐에는 속하지 않게 된다. 또한 대부분의 암호화폐는 개발자가 발행하는 것은 아니기에 대다수의 암호화폐가 가상화폐에 속하지 않게 되는 측면도 존재한다. 이러한 이유들로 인해 비트코인이나 이더리움 같은 것은 엄밀히 말하면 '암호화폐'라는 용어를 사용하는 것이 적절하다. 그러나 현재 일반인들에게는 비트코인 등이 현실의 실물자산(현금)을 대체하는 자산으로 많이 인식되고 있기 때문에 가상화폐와 혼용하거나 오히려 가상화폐라는 용어가 더 친숙하게 받아들여지고 있다.

---

2 암호화폐,가상화폐,가상통화...정부,업계 관점따라 다양한 호칭, 조선일보, 2018.1.22.
3 비트코인은 가상화폐인가 암호화폐인가, 중앙일보, 2017.11.9.

가상화폐가 망하면 블록체인도 같이 망하게 될까?

현실적으로 그런 일은 일어나지 않을 것이다. 가상화폐는 블록체인 기술을 이용한 하나의 형태이지 '가상화폐=블록체인'처럼 동일한 가치나 형식을 갖는 것은 아니기 때문이다. 또한 블록체인에 있어 가상화폐가 필수적으로 따라다니는 것은 주로 위에서 언급했던 퍼블릭 블록체인의 경우에 해당한다고 할 수 있다. 그렇기에 가상화폐가 사라진다 하더라도 블록체인이란 기술의 발전에는 전혀 지장이 없을 것이다. 나아가 블록체인은 4차 산업혁명의 근간이 되는 기술로서 현 정부에서도 핵심추진전략 중 하나로 삼고 있는 것이며 전 세계적으로 많은 관심을 가지고 있는 분야이다. 앞으로도 블록체인 기술은 지속적으로 발전하고 폭발적인 수요가 나타날 것으로 전망된다.

비트코인의 가격은 어떻게 정해지는 것일까?

일반적으로 코인의 가격은 코인 가격 자체(본질)적 측면, 채굴자 입장, 트레이더(매수자)입장에 따라 균형을 이루며 결정된다.

먼저 코인의 본질적인 측면은 그 화폐의 효용성, 성장성, 안정성 등의 종합적인 평가를 뜻하며 구체적으로는 다음과 같은 사항들을 기준으로 한다.

- 비트코인이 기존 화폐를 얼마나 대체할 가능성이 있는지
- 기축통화 자리를 얼마나 굳세게 유지할 것인지(비트코인의 경우)
- 얼마나 많은 제휴점을 갖고 실생활에서 사용할 수 있는지
- 금을 대체할 만한 소유수단(투자 수단)이 될 수 있는지
- 해킹으로부터 안전한지, 플랫폼 업체가 안정적인지 등

- 세그윗처럼 코인 자체의 가치를 증가시키는 행위가 존재하는지(예상되
　　는지)

　한편, 채굴자나 개발자 입장에서 중요한 것은 원가라고 할 수 있다. 채굴자
는 원가와 적절한 이득을 볼 수 있는 가격 이상이어야만 화폐 공급자들이 안
심하고 원활하게 화폐를 채굴할 것이고, 그 원가에는 채굴 또는 개발하는 데
드는 컴퓨터와 소프트웨어 등 장비의 가격, 설치비, 유지비용 그리고 시세가
포함된다. 개발자는 난이도 조절을 통해 시장에 적절한 채굴자들이 참여할
수 있도록 적정원가를 유지하게 한다.
　비트코인의 제작자인 나카모토 사토시는 약 100만 코인, 또는 총 공급량
(2100만개)의 약 4.75%를 소유하고 있다고 추정되고 있다. 초기에 비트코인을
접한 소수의 인원들은 가치가 오르기 이전부터 많은 양의 비트코인을 사거
나, 채굴했었는데, 만약 이들이 한꺼번에 대량의 비트코인을 내놓는다면 가
격은 폭락할 것이다. 그러나 수익을 극대화하려는 합리적인 개인의 의지에
따라 시간이 지나면서 판매가 분산되어 가격 영향을 줄일 수 있을 것이다.
　마지막으로 트레이더(수요자)의 입장에서는 수요와 공급의 원칙, 매도와 매
수의 균형에 따라 가격이 결정된다. 가상화폐의 수요자들은 자신들이 수집한
기술적 분석, 국제적 동향과 뉴스 분석 등 제반 정보에 따라 미래 가격을 예
측하며 이에 따라 매수나 매도 포지션을 갖게 된다. 매수자가 많아지면 가격
은 상승하고, 매도자가 많아지면 가격이 하락한다.
　비트코인 등 모든 가상화폐는 위의 세 가지의 입장에 따라 가격이 변동하며
정책의 변화, 코인 소유자들의 입장변화에 따라 시세의 등락을 보이게 된다.

해외 거래소를 이용하고 싶은 데 어떻게 해야 하나?

거래소는 크게 국내, 해외 거래소로 구분할 수 있는데, 국내의 경우 업비트, 빗썸, 코인원, 코빗이 규모가 큰 거래소이고, 해외 거래소는 Bitfinex(홍콩), Binance(홍콩), Bitflyer(일본), Kraken(유럽), Bittrex(미국), Huobi(중국), OKEx(중국) 등이 있다. 각 거래소마다 특징이 있기 때문에 자신의 투자 성향이나 관심 코인에 따라 투자를 하기 전에 반드시 확인해 볼 필요가 있다.

먼저, Bitfinex(BTC/USD)와 Bitflyer(BTC/JPY)는 대표적인 비트코인 거래소로서 이 둘은 비트코인 거래가 전 세계에서 가장 많다. 비트코인이 가상화폐시장의 대장주로서 시황 전체를 가늠할 수 있는 기준이 되기 때문에 두 거래소의 비트코인의 흐름은 그날의 전체 코인판의 호황, 불황을 예측할 수 있는 좋은 참고 지표가 된다. 최근 Binance와 OKEx가 상위권으로 도약하려고 하는 추세이기에 이 두 거래소의 비트코인 추세도 역시 고려해 보는 것이 좋다.

한편, 대표적인 중국계 가상화폐인 Bitcoin Cash는 중국 거래소들 위주로 거래가 이루어지고 있으며 HitBTC(BCH/BTC), OKEx(BCH/BTC), OKEx(BCH/USDT), Huobi(BCH/USDT)의 비중도 높은 편이다. 따라서 Bitcoin Cash를 거래할 때는 이 거래소들의 가격 흐름을 주의 깊게 볼 필요가 있다. 해외 거래소를 이용하고 싶을 때에는 국내에서 코인을 구매하여 회원가입 된 해외 거래소의 코인지갑으로 전송하면 된다.

해외 거래소

국가	한국	미국	홍콩	일본	유럽	중국
거래소	업비트/빗썸 코인원/코빗	Bittrex	Binance/ Bitfinex	Bitflyer	Kraken	Huobi/ OKEx

국내 거래소를 통한 해외 거래소 지갑 전송(업비트→올코인)

한국 거래소를 이용할 때는 어떤 점을 유의해야 하나?

한국 거래소는 전 세계적으로 거래량이 많은 곳들 중 하나이다. 이는 한국인들의 가상화폐에 대한 높은 관심을 보여주는 증거일 수도 있는 반면 정부가 우려하는 대로 단순 투기열풍 때문일 수도 있다. 원인이 어떠하든 업비트, 빗썸을 비롯한 한국 거래소는 대부분의 코인에서 거래량이 순위권을 차지하고 있기 때문에 종종 한국 거래소의 가격이 외국과 정말 다르게 흐를 수도 있고 기타 거래소들과 역방향의 차트가 그려지기도 한다. 일례로 SNT(스테이터스) 코인은 전 세계적으로는 거래량 순위가 높은 가상화폐가 아니었으나 국내 업비트 거래소에서 단기간에 몇 배가 상승해버리는 기이한 현상이 일어나기도 했다. 또한, IOTA(아이오타)라는 코인은 전체 해당 코인 거래 중 국내 코인원 거래소가 차지하는 비중이 10% 남짓에 불과한 상황에서 단독으로 몇 배나 펌핑하여 오히려 해외 거래소가 따라오다가 한국 거래소에 못 미쳐 가격괴리가 50% 이상 난 경우도 있다.

이처럼 가상화폐에 대한 한국 투자자들의 심리가 기대감으로 작용할 때는 '김치 프리미엄'이, 절망과 공포로 나타날 때는 '역프리미엄'이 형성된다. 프리미엄이 +값이든 −값이든 기타 거래소와 판이하게 다른 가격을 형성하는 것은 해당 가상화폐뿐만 아니라 가상화폐시장 전체의 신뢰도를 저하시키는 요인으로 작용할 수 있다. 이 때문에 정부는 '김치 프리미엄'을 없애기 위해 각종 규제를 도입하고, 해외에서도 가상화폐 시장 전체의 시가총액이나 거래량을 보여주는 사이트[4]에서는 아예 한국시장 전체를 제외하고 집계하는 현상도 보이게 되었다.

---

4 http://www.coinmarketcap.com

왜 똑같은 가상화폐인데 거래소마다 가격이 다를까?

우리가 생필품(야채나 과일 등)을 구매할 때 마트나 시장마다 가격이 다르듯이 비트코인도 하나의 실물자산으로서 지역마다, 시간마다 수요와 공급의 원칙에 따라서 가격이 실시간으로 지속적으로 바뀐다. 그렇기 때문에 매일매일 그리고 거래소마다 가격이 천차만별일 수밖에 없다. 특히 한국에서는 가상화폐에 대한 폭발적인 관심으로 인해서 홍콩이나 일본 거래소보다 비트코인의 거래량이 적음에도 가격이 높을 때가 있다. 이렇게 우리나라 거래소에서 해외 거래소보다 높은 기대심리가 반영된 현상을 '김치 프리미엄'이라고 부른다. 다만, 이는 상승장에서 보통 나타나는 현상이고, 폭락장이 지속되다보면 한국투자자들의 기대감이 실망감으로 변하여 오히려 '역프리미엄'이 붙기도 한다.

하지만 비트코인은 전자적 형태로 거래소 간 교환이 가능한 화폐이기 때문에 거래소 간 가격의 차이가 심할 때는 '재정거래'라는 현상이 발생하게 된다. 재정거래란 한 거래소에서 구매한 코인을 프리미엄이 붙어있는 타 거래소로 전송시켜 매도하는 것을 말한다. 이는 거래소 간 시세차익을 이용한 매매기법으로 종종 사용되는데 보통 '김치 프리미엄'을 이용하여 해외에서 한국 거래소로 이동하는 방법으로 많이 이용되며, 이러한 재정거래는 거래소 간 가격 괴리를 해소시키는 효과를 보이기도 한다. 다만, 현재 우리나라에서는 자산 해외유출의 위험 때문에 외국인들의 신규계좌 생성을 불허 하는 등 사실상 외국인 거래가 금지되어 있기 때문에 프리미엄이 어느 정도는 붙어있을 수밖에 없거나, 자체적(국내 세력에 의해)으로 해결하고 있다.

왜 내가 구매하려는 코인이 어떤 거래소에는 없는 걸까?

현재 전 세계에 출시된 가상화폐는 1500여 개가 있다. 하지만 각 거래소의 경우 모든 종류의 코인을 다 거래소에 올려놓지는 않는다. 거래소는 자신들의 이익과 투자자들의 수요에 맞추어 상장시킬 코인을 결정하는데, 거래소마다 시각과 기준이 다르기 때문에 상장하는 코인도 다를 수밖에 없다. 현재 가장 많은 수의 코인을 거래할 수 있는 국내 거래소는 업비트가 있으며 빗썸, 코인원, 코빗 등이 대표적인 거래소라고 할 수 있다.

한편 많은 투자자들이 거래소에 상장되어 있는 코인과 가격의 상관성에 대해 궁금증을 갖고 있다. 일단 많은 거래소에 상장되어 있는 대부분 코인은 성장성이나 안정성을 이미 어느 정도 인정받았다고 판단하여도 무방하다. 그러나 이미 대형거래소나 많은 거래소에 상장되어있다는 것은 반대로 앞으로 성장(펌핑)할 가능성이 적다는 이야기일 수도 있으니 투자 시에는 주의해야 한다. 반대로 많은(대형) 거래소에 아직 상장이 되어 있지 않은 코인의 경우 물론 좋지 않은 코인이라는 이유일 수도 있겠지만 기술적으로는 좋은 코인이지만 아직 시장의 주목을 받지 못한 상태일 수도 있다. 때문에 투자를 위해서는 코인에 대한 장기적인 안목에 따라 접근해야 한다. 특히, 적은 거래소에만 코인이 상장되어 있을 경우 세력에 의한 펌핑이 쉽게 이루어질 수 있기 때문에 오히려 단기적 접근이라는 측면에서는 좋을 수 있다(이는 흔히 동전주라고 불리는 저렴한 코인들에서 많이 볼 수 있는 펌핑법과 유사하다).

내 코인이 해킹당할 위험은 없을까?

가상화폐는 블록체인의 기술을 바탕으로 만들어졌기 때문에 불가능에 가까울 정도로 해킹이 매우 어렵다고 할 수 있다. 비트코인의 경우 전 세계의 슈퍼컴퓨터가 총 동원되어도 해킹하는 데 몇 년이나 걸릴 정도로 해킹으로부터 안전하다. 다만, 거래소는 해킹을 당하여 고객들의 정보나 코인이 사라질 가능성은 있다. 일례로 2014년 일본에서 '마운트곡스'라는 거래소가 해킹을 당해 엄청난 양의 비트코인이 유출된 적이 있다. 이후 거래소들은 더욱 보안에 힘을 쓰게 되었고 투자자들은 투자에 있어 거래소의 보안성에 대해 꼼꼼하게 찾아보게 되었다. 그러나 거래소 보안 자체를 믿을 수 없는 투자자는 콜드 월렛(cold wallet, 개인지갑)으로 코인을 옮겨서 보관하면 보다 안전하게 코인을 보유할 수 있다.

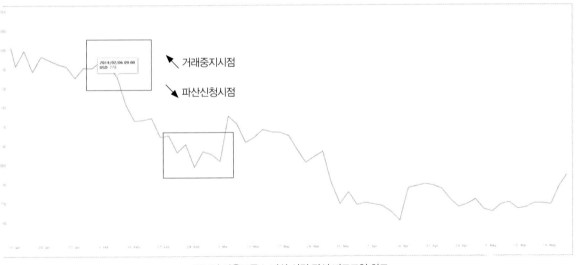

2014년 마운트곡스 파산 사건 당시 비트코인 차트

'매력 잃어가는' 비트코인...최대 거래소는 '먹통'

기사입력 2014-02-25 17:40

각국 규제 움직임에 가격 하락 지속

日 마운트곡스 웹사이트 25일 다운

차세대 화폐로 불리며 투자자들을 유혹했던 가상화폐 비트코인(bitcoin)이 매력을 잃어 가고 있다.

각국에서 비트코인을 규제하려는 움직임에 따라 가격이 떨어지기 시작했으며, 거래 규모가 세계 최대인 일본 마운트곡스의 웹사이트는 먹통이 됐다.

비트코인 최대 거래소인 일본 마운트곡스 홈페이지(www.mtgox.com)는 25일부터 열리지 않아 이용자들이 불편을 겪고 있다.

이달 7일 기술적 결함으로 자금 인출 중단 사태가 벌어진 지 보름여 만에 거래 사이트가 아예 먹통이 돼 거래가 불가능하게 된 것이다.

마운트곡스 내 비트코인 가치는 이날 정오께 개당 135 달러까지 폭락하며 지난달 900 달러를 넘겼던 것과 비교하면 수직 낙하한 것이라고 AFP 통신이 전했다.

비트코인은 가상화폐라는 성격 때문에 정부나 중앙은행의 규제를 받지 않는다. 일본 금융감독청(FSA)은 "조치를 취할 입장이 아니다"라는 반응만 되풀이하고 있다.

여기에 상당 규모의 비트코인 도난 의혹도 제기됐다.

미국 뉴욕타임스(NYT)에 따르면 24일 밤 코인베이스와 서클 등 주요 비트코인 업체들은 공동으로 성명을 내고 "마운트곡스가 수개월동안 발생한 중대한 도난 사건을 이유로 파산 신청을 계획하고 있다"고 밝혔다.

이들은 마운트곡스가 비트코인 총 유통량의 6%에 달하는 74만4천개의 비트코인을 도둑맞고도 수년간 발각되지 않았다고 주장했다.

소식이 알려지자 비트코인 가치는 지난해 11월 이후 처음으로 개당 500 달러 아래로 떨어졌으며 마운트곡스는 해명 요청에 응하지 않고 있다고 NYT는 전했다.

자금 인출 중단 사태가 벌어졌을 때 마운트곡스는 "문제를 해결하고 있고 고객의 자산은 안전하다"고 주장했지만 지금까지 기술적 결함을 완전히 손봤다는 발표는 나오지 않은 상태다.

이런 와중에 홈페이지 먹통과 도난 의혹까지 추가되면서 투자자들을 중심으로 불안이 확산하는 양새다.

비트코인은 최근 몇 달간 가격이 천정부지로 치솟으며 세계적으로 투자 붐을 일으켰지만 과도한 가격 변동으로 거품 위험이 크고 온라인상의 도난에 취약하다는 지적이 제기돼왔다.

일각에서는 비트코인 프로젝트가 예견된 문제에 봉착해 이미 수렁에 빠졌다는 분석도 내놓고 있다.

NYT는 "가장 유명한 비트코인 거래소가 붕괴 직전에 몰려 변덕스러운 비트코인 시장의 미래에 의문을 제기하고 있다"고 지적했다.

NYT는 올 여름 주요 은행이 참여하는 비트코인 거래소를 신설하겠다는 뉴욕투자 회사 세컨드마켓의 계획을 함께 전하면서 "새 계획이 마운트곡스 붕괴로 시험에 봉착할 것"이라고 내다봤다. /디지털미디어부

이 기사 주소 http://news.naver.com/main/read.nhn?mode=LPOD&mid=etc&oid=011&aid=0002472628

2014년 마운트곡스 파산 사건 기사

24시간 거래되는 가상화폐, 어떻게 대응해야 할까?

가상화폐는 탈중앙화를 특징으로 한다. 모두에게 권한이 분산되어 있는 것은 물론 국경도 초월하고, 거래 또한 지구 한 바퀴를 돌아 24시간 내내 계속될 수밖에 없다. 2018년 1월 한 정당에서 과열된 가상화폐 시장을 진정시키기 위해 가상화폐 거래소의 영업시간을 제한하는 방안을 검토한 적이 있었다. 그러나 만약 이것이 현실화된다면 해외에서 폭락장이 왔을 때 국내 투

자자는 대응이 불가능하여 손해를 입을 가능성이 높아지는 위험에 처하게 된다. 이 경우 누가 보상해 줄지 궁금한 일이다. 결국 실효성이 없는 방안이었던 셈이다.

24시간 지속된다는 가상화폐 거래는 '가상화폐 좀비'라는 신조어를 만들 정도로 어마어마한 스트레스를 투자자들에게 줄 수 있는 것이 현실이다. 게다가 상승하락폭의 제한도, 서킷 브레이커도 없는 코인판은 주식과는 차원이 다른 부담감으로 다가오기도 한다. 그러나 투자자들이 뚜렷한 투자원칙과 현명한 대응을 한다면 오히려 24시간 거래가 도움을 줄 수 있다.

경험에 따르면 한국시간 기준 새벽 4시~7시에 무언가 추세를 강하게 주거나 흐름을 깨는 시도가 종종 일어나고는 하는데, 이 시간대에는 거래량이 매우 적을 뿐만 아니라, 많은 한국인들이 대응하기 어렵기 때문에 세력이 어떠한 행동을 취하기 매우 좋은 때다.

따라서 우리와 같은 개미들은 새벽에는 현금 보유를 하거나 지지선, 저항선 매매 또는 '존버(무조건 버티기)' 등의 방법으로 대응하는 방법을 취하는 것이 현명할 수 있다.

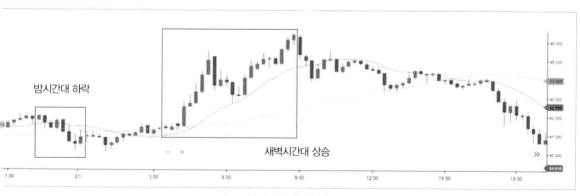

비트코인 새벽장, 낮장 가격변화 차트

가상화폐나 블록체인은 한국에서만 열광하는 걸까?

2017년 12월~2018년 1월 간 정부가 발표한 가상화폐 규제안과 2018년 1월 JTBC 뉴스룸에서 열렸던 유시민과 정재승의 블록체인과 가상화폐에 대한 토론은 우리나라에 가상화폐와 블록체인이 더 이상 소수만이 알고 접근하는 시장이 아니라는 것을 말해준다. 이는 가상화폐 시장을 무조건 억압하고 막으려하기보다는 건전하게 성장할 수 있도록 제반 여건을 조성해 나가야 하는 것이 되었다는 반증이기도 하다.

그러나 여전히 대한민국 정부는 블록체인과 가상화폐를 분리해서 육성하겠다는 모순된 논리를 펴면서 유보적이기는 하지만 가상화폐 시장을 투기적이라고 판단하는 입장을 버리지 않고 있으며, 규제강화의 눈초리를 내리지 않고 있는 상태다.

그렇다면 미국과 일본 같은 다른 나라들은 가상화폐를 어떻게 생각하고 대응하는지를 가상화폐에 대한 국민들의 인지도, 시장의 성장과 크기, 정부의 대응이라는 기준을 가지고 비교해 보기로 한다.

① 국민들의 인지도(대중화)

가상화폐에 대해 그 나라의 국민들이 가지고 있는 인지도, 친숙성은 실생활에서 얼마나 쉽게 가상화폐를 사용할 수 있는가로 알 수 있으며, 그것은 해당 국가에 비트코인을 취급하는 제휴업소의 수를 바탕으로 수치적으로 판단할 수 있다. 미국의 뉴욕과 샌프란시스코는 100개 이상의 점포가, 일본에서는 2,000개가 넘는 점포가 가상화폐를 취급하고 있는 반면 서울에서는 아직 취급하고 있는 곳이 많지 않다. 미국의 경우 비트코인으로 출금을 할 수 있는

ATM도 존재하며 심지어 '비트베이'라는 비트코인 결제업체는 메트로폴리탄 상업은행을 통해 미국과 유럽 거주자에게 비트코인 결제가 가능한 비자카드를 제공하고 있다. 특히 미국에서는 2017년 12월 1일 시카고선물거래소를 시작으로 대형 선물 시장에도 비트코인이 상장되면서 일반 대중들에게 투자 상품으로서 공식성을 확보하며 많이 알려져 있는 상태다.

한편, 일본의 대형 카메라 업체 빅카메라에서는 비트코인 거래소 Bitflyer와 제휴하여 비트코인 결제를 도입하였고, 아마존과도 협약을 맺어 사이트 내에서 가상화폐로 상품권을 구입할 수 있게 하였다. 뿐만 아니라 자동차, 부동산 같은 대형 실물 자산까지도 가상화폐로 구매할 수 있을 정도로 일본은 가상화폐가 실물화폐와 병존이 가능한 레벨에 이르렀다고 할 수 있다. 반면 한국에서는 이제야 비트코인의 존재에 대해 대중들이 서서히 알고 있는 수준에 있어 미국이나 일본에 비해 대중화 척도 부분에서는 많이 뒤쳐져 있다고 할 수 있다.

② 시장의 규모와 성장도

한 국가의 가상화폐 시장 규모는 '얼마나 많은 자본이 가상화폐 시장에 투입되어 있는가'로 측정할 수 있다. 2018년 1월 10일 기준으로 하루 동안 세계에서 비트코인 거래량이 가장 많은 지역은 일본, 미국, 유럽, 한국 순이다. 이날 하루 세계 비트코인 거래량의 45%가 일본 엔화로 거래되었고, 35%가 미국 달러, 7%가 유로화, 5.5%가 한국 원화로 거래되었다. 최근 중국에서 국가적으로 가상화폐 거래를 금지하기 전에는 중국 원화 거래량 비중이 매우 높았으나, 이후 순위가 위와 같이 바뀌었다. 유럽이 여러 국가의 혼합체라고 보았을 때 단일 국가로는 한국이 3위인만큼 미국이나 일본의 경제규모의 크기에 비해 매우 많은 자본이 가상화폐 시장에 투입되어있다고 판단할 수 있다.

③ 정부의 대응(규제)

이처럼 규모가 커진 가상화폐 시장에 대한 각국 정부의 시각 또한 많이 다르다. 일본 정부는 가장 적극적으로 가상화폐를 제도권 시장에 도입하려고 노력해 왔다. 일본은 2014년 당시 세계 최대 가상화폐 거래소인 '마운트곡스'가 파산한 이후 가상화폐 양성화를 위한 제도 정비에 나섰으며, 2017년 4월 가상화폐를 공적 결제수단으로 허용했다. 비록 법정화폐의 지위를 부여하지는 않았지만 '불태환 화폐(중앙은행이 가치를 보장하는 화폐)'로 인정하는 수준에 이르렀다.

또한 일본 정부는 가상화폐를 매수할 때 부과했던 소비세를 폐지하고 거래 차익에 대한 과세를 하도록 규제하고 있다. 거래소의 경우 가상화폐 교환업체에 대한 사전심사와 등록을 의무화하였으며 최소 자본금과 순자산 요건, 이용자에 대한 정보 제공, 이용자 재산의 분리보관, 거래 시 본인확인, 재무제표 외부감사 의무 등의 조건을 걸며 안전한 거래를 유도하고 있다.

한편 미국의 경우 가상화폐를 화폐나 결제수단이 아닌 '일반 상품'으로 바라보고 소비세가 아닌 재산처럼 양도소득세를 부과하는 정책을 펴고 있다. 이는 가상화폐가 개수 제한이라는 공급 제한성으로 인해 상품으로서의 특성이 부각되고, 지급결제수단으로서의 유용성이 떨어진다고 판단하였기 때문이다.

미국에서는 주마다 대응 방안이 다르지만 주로 자금세탁이나 불법 자금 이체에 집중되어 있다. 뉴욕주의 경우 가상화폐를 재산으로 보고 2015년 6월 자금세탁방지, 이용자보호 등을 고려한 종합규제체계(BitLicense)를 세웠다. 여기에서는 가상화폐를 교환수단 또는 가치 저장 수단으로 사용하는 모든 종류의 전자적 단위라는 포괄적 개념으로 인식하고 있다.

이에 반해 한국은 아직 일관된 정부의 규제는 실행되고 있지 않다. 한때 법무부에서는 가상화폐를 '가상증표'라고 부르며 거래소를 폐쇄하는 특별법을 국회에 제출하겠다는 의견을 표출하였으나 기획재정부나 청와대에서는 곧바로 이 의견을 반박하는 등 정부 내부에서조차 합의가 되지 않은 모습을 보이고 있다. 이 때문에 당시 비트코인 가격이 30% 이상 폭락하고 세계 가상화폐 시가총액이 110조 원 증발되는 사건이 일어나기도 했다.

03

가상화폐 역사와 전망

– 나카모토 사토시의 논문으로부터 시작된 가상화폐(비트코인)
– 전 세계적으로 투기 열풍은 경계, 그러나 기술 및 시장 성장가능성은 높이 봄

2008년

10월 31일, bitcoin.org라는 사이트에 Anonymous Speech를 통해 Satoshi Nakamoto(가명으로 추정)라는 인물이 〈Bitcoin: A Peer-to-Peer Electronic Cash System〉이라는 논문을 게재하였다. 그는 "나는 제3의 신뢰기관이 없어도 P2P만으로 운영되는 새로운 전자화폐 시스템을 고안하고 있다"며 위의 PDF 파일을 올렸다.

11월 9일, 오픈소스 소프트웨어 개발자들에게 저장 공간이나 개발 도구 등을 제공하는 곳인 SourceForge에 비트코인 프로젝트가 등록되었다.

34

2009년(1BTC = 0.0076원, 비공식)

1월 3일, 첫 번째 오픈소스 비트코인 클라이언트가 생겨났고, 첫 블록이 생성되었다. 또한 사토시는 첫 채굴을 통해 50BTC를 획득하였다.

1월 11일, 비트코인 버전 0.1이 출시되었다. 이때 사토시는 비트코인의 총 발행량을 21,000,000개로 한정지었고, 이 코인들은 네트워크에 접속하여 블록을 생성한 노드에게 제공되며 보상 코인의 개수가 약 4년마다 반으로 줄어든다고 이야기하였다.(첫 4년간은 10,500,000개가 채굴되고, 그 다음 4년은 5,250,000개만이 채굴되는 식)

1월 12일, 비트코인의 생성 후 170번째 블록만에 최초의 비트코인 송금이 이루어졌다.

10월 5일, New Liberty Standard라는 닉네임을 사용하는 이가 비트코인과 달러와의 교환가치를 공시하였다. 초기 가격은 1USD=1,309.03BTC였으나 두 달 동안 1달러에 1600BTC부터 765BTC까지 급등락을 반복하였다.

12월 30일, 비트코인 생성 이후 처음으로 채굴 난이도가 상승하였으며 이때의 상승률은 18%였다.

2010년(1BTC = 300원)

5월 22일, BTC로 첫 상업적 거래가 이루어졌다. 플로리다의 Laszlo Hanyecz라는 프로그래머가 피자 2판을 10,000BTC에 구매하였다.

7월 11일, 비트코인 버전 0.3이 출시되었고, 비트코인 유저가 급증하였다. 또한 해당 월, 당시 최대 비트코인 거래소인 마운트곡스(일본)가 창립되었다.

8월 6일, 최초이자 유일한 비트코인 프로토콜 보안 문제가 발생하였다. 이로 인해 15일 1,840억 개의 비트코인이 생성되었으나, 몇 시간 뒤 해결되어 자동 삭제되었다.

11월, 마운트곡스의 비트코인 거래금액이 0.5달러까지 상승하였고, 비트코인 시가총액이 100만 달러에 도달하였다.

2011년(1BTC = 3,000원)

2월 9일, 1BTC의 가격이 1달러에 도달하였다. 이는 비트코인이라는 가상화폐가 처음으로 실물자산의 가치에 다다랐다는 데서 큰 의미가 있다.

4월 16일, 뉴욕 타임즈(Times)에 비트코인에 대한 보도가 이루어졌다. 이것은 비트코인이 음지에서 나와 점점 사람들에게 인식되며 대중화의 길로 뻗어나가는 시작이 되었다는 데서 의미를 갖는다. 이 기사에서는 비트코인은 아직 초기 단계이며 불법적인 요소도 많지만 점점 성장할 것이고, 지금의 결제 수단들을 위협할 존재로 부각될 것으로 평가하였다.

4월 23일, 비트코인의 시가총액이 1,000만 달러를 돌파하였다.

6월 2일, 1BTC의 가격이 불과 4개월 만에 10배, 10달러까지 폭등하였다.

6월 8일, 1BTC의 가격이 30달러를 돌파하였다.

6월 18일, 1BTC의 가격이 17달러까지 폭락하였다.

2012년(1BTC = 14,000원)

11월 28일, 21만 번째 블록을 기준으로 비트코인의 첫 반감기가 이루어졌다. 이로 인해 블록 보상이 50BTC에서 25BTC가 되었다(비트코인의 반감기는 약 4년).

2013년(1BTC = 약 100만 원)

4월 6일, 한국 최초의 비트코인 거래소 코빗(Korbit)이 설립되었다.

8월 19일, 독일 재무부가 비트코인을 합법적인 화폐라고 인정하였다.

10월 16일, 중국의 대형 포털사이트 Baidu가 비트코인 결제를 받기로 협의하였다. 이로 인해 당해 1월 10달러에 머물던 비트코인의 가격이 11월 말 1,000달러를 돌파하였다.

12월, 중국 정부의 규제와 Baidu가 비트코인에 대한 결제를 취소하는 이슈로 인해 비트코인 가격이 50% 이상 하락하였다. 이로 인해 비트코인 거품논란이 다수 일어났다.

2014년(1BTC = 약 10만 원)

2월 26일, 당대 3대 거래소 중 하나인 마운트곡스 거래소가 파산하였다. 마운트곡스의 파산보호신청 시점에서 해당 거래소의 비트코인 가치는 1,000달러에서 97달러까지 하락하였다.

2015년(1BTC = 약 25만 원)

1월, 유럽의 대형거래소인 Bitstamp에서 전산 지갑의 해킹으로 인해 19,000 BTC, 당시 가격으로 500만 달러만큼이 유출되었다.

1월 중순, 비트코인 가격이 200달러 밑으로 하락하였다.

7월, 비트코인 블록사이즈를 2MB로 증가시키는 것에 대한 제안이 나오기 시작하였다(현재의 세그윗).

2016년(1BTC = 90만 원)

7월 9일, 비트코인의 두 번째 반감기로 블록 보상이 25에서 12.5로 줄어들었다.

8월 3일, 홍콩 거래소인 Bitfinex에서 해킹으로 인해 120,000BTC(약 7,000만 달러)만큼의 비트코인이 도난당하였다.

12월, 연중 비트코인 가격이 지속적으로 상승하여 900달러에 육박하였다.

2017년

4월, 일본이 비트코인을 공식 결제수단, 정식 화폐로 인정하였다.

7월, 비트코인 Segwit결정(BIP91과 BIP141). 이로 인해 비트코인의 분리에 대한 불안감이 매우 증폭되었다.

8월 1일, 비트코인 첫 하드포크의 형태로 비트코인 캐쉬(Bitcoin Cash)가 분리되었다.

10월, 비트코인 골드(Bitcoin Gold)가 또 다시 분리되었다.

11월, 비트코인의 블록 크기를 늘려 확장성을 개선하려는 Segwit2x가 취소되었고 비트코인 가격이 안정을 되찾았다.

11월 말, 비트코인 가격이 원화로 1,000만 원을 돌파하고, 10,000달러를 돌파하였다.

12월 초, 비트코인에서 분리한다는 비트코인 플래티넘이 한국의 한 고등학생이 벌인 사기극으로 드러나 비트코인 가격이 순식간에 폭락하였다. 이 사건으로 비트코인 캐시 이후 우후죽순 드러난 비트코인의 하드포크에 대한 신뢰도가 많이 하락하였다. 한편, 해당 학생은 신변의 위협을 느껴 경찰에 신변보호 요청을 하였다.

2018년 초

1월 초, 비트코인 가격이 한화로 2,600만 원(코인원), 19,000달러(비트파이넥스)를 돌파하며 최고치를 기록하였다.

1월 26일, 일본 거래소 코인체크(coincheck)에서 뉴이코노미무브먼트(NEM, 넴) 코인이 5억 3천만 달러에 상당하는 물량이 해킹당하여 유출되었다. 이는 2014년 일본 마운트곡스 거래소를 파산시켰던 4억 5천만 달러 규모의 비트코인 해킹 사건을 넘는 역대 최대 해킹사건으로 기록되었다.

2018년 가상화폐 시장의 전망

비트코인이 만들어진 2009년 이후 2017년까지는 가상화폐에 대해 한국 정부를 비롯하여 전 세계에서 우려와 관심을 보이는 기간이었다. 2018년과 그 이후는 본격적으로 블록체인에 대한 도입과 가상화폐의 대중화가 이루어질 것이며 점점 제도권 안으로 편입될 것이라고 예상된다. 그 징후들은 가상화폐에 대한 각국 정부들의 규제와 과세에서 알 수 있다. 각국 정부가 만일 가상화폐가 불법이고 도박이라고 생각한다면 규제와 같은 합법적 대응을 하는 것이 아니라, 동남아시아 정부들의 대응처럼 불법규정과 형사처벌을 강구할 것이다. 그러나 현재 선진국들은 법정 화폐로 인정하고 어떻게든 제도권 안으로 인식하여 과세를 검토하고 있다. 심지어 한국 정부나 공공기관에서는 가상화폐 거래소에 간접투자를 한 정황이 드러나기도 하였다. 이처럼 공식적으로는 투기열풍에 대해 견제를 하고 있는 것으로 보이지만, 여러 국가의 정부 정책을 따져보면 가상화폐는 여전히 매력적인 시장이며 또한 단기간에 없어지지 않을 것임을 분명히 알 수 있다.

특히, 블록체인 기술이 대중화되고 성장함에 따라 비트코인은 그 자체가 가진 성장성과 자산에 대한 가치의 매력성의 증가에 따라 가격이 계속 상승할 것으로 예상된다.

누군가는 당신이 단기적으로
접근하고 있는 시장에 인생을 걸었다

출처 2017.10.18. 이데일리

네덜란드의 한 가족이 가상화폐 비트코인 투자를 위해 집과 차까지 파는 등 전 재산을 다 걸었다고 CNBC가 17일(현지시간) 보도했다.

CNBC는 디디 타이후투라는 네덜란드 가장이 비트코인 투자를 위해 73평 집과 차 3대, 신발 등 가재도구까지 모조리 팔아치운 채 캠프장에서 생활하고 있다고 전했다.

39살인 타이후투는 부인과 딸 3명을 두고 있다. 그는 원래 비트코인을 채굴했으나 현재는 트레이딩만 하고 있다고 밝혔다. 몇 달밖에 되지 않기는 했지만 타이후투는 투자를 위해 재산을 모두 처분한 것을 후회하지 않는다고 말했다. 그는 "모든 돈을 잃을 수 있고 차 세 대도, 오토바이도 더 이상 없지만 결국에는 우리 가족이 여전히 행복하고 인생을 즐길 수 있을 것으로 생각한다"고 말했다.

그의 부인 로메인은 "나는 무척 충격을 받았다"며 "'대체 비트코인과 가상화폐가 뭐람?'이라고 생각했지만 우리 가족에게 좋은 변화가 됐다고 생각한다"며 남편의 생각에 동감을 표시했다.

그러나 이들 주변의 반응은 '물론' 부정적이다. 타이후투 부부의 친척들은 모두 그가 미쳤다고 말했다. 하지만 이들 가족은 이에 굴하지 않고 그들의 경험을 소셜미디어에 올리고, 비트코인으로 기부도 받고 있다.

이 가족은 비트코인이 급등하는 것을 보고는 올 여름에 이 같은 '도박'을 결정했다. 비트코인은 5000달러를 넘었으며 타히후투는 비트코인이 2020년까지 현재보다 4배 이상 오를 것으로 내다보고 있다.

지난달 월가 주류 금융업체 가운데 하나인 펀드스트래트 글로벌 어드바이저스의 톰 리 공동창업자 또한 비트코인이 2022년이 되면 2만5000달러까지 뛸 것이라고 낙관한 바 있다.

지난주 비트코인 시가총액은 1,000억 달러 가까이 육박하며 투자은행 골드만삭스 시총을 가뿐히 넘어섰다. 일부에서는 비트코인 시총이 10년 안에 1조 달러를 넘어설 것으로 보고 있다.

CNBC는 타이후투의 동기가 큰 수익을 얻는 것 이상이며, 그는 세계 금융을 변화시키는 혁명에 참여하는 것이라고 전했다. 타이후투는 "많은 사람이 현재의 통화 시스템에 신뢰를 잃었다"며 "가상화폐가 이들에게 좋은 대안이 될 것이라고 생각한다"고 말했다. 그는 "우리는 통화 시스템을 바꿀 혁명을 거치는 중"이라고 덧붙였다.

그러나 이러한 투자 전략이 위험이 크다는 지적도 나오고 있다. 미국의 최대 가상화폐 거래소인 GDAX의 아담 화이트 대표는 투자자들은 잃어도 되는 수준까지만 투자해야 한다고 조언했다.

코인판 용어 정리

가상화폐를 투자하든 안하든 다들 가즈아~라는 말을 들어보았듯 가상화폐에 대한 관심이 늘어나며 이전에는 소수의 용어로만 남아있던 용어들이 광장으로 나오는 경우가 많다. 그러나 여전히 가상화폐 거래 시(코인판)에만 사용하는 용어들이 존재하기 때문에 투자를 하면서 이에 대한 어느 정도의 지식을 갖추어두는 것은 트렌드를 따라가는 필수적 요소라고 할 수 있다. 대부분의 용어는 주식에서 쓰이는 것을 차용한 것이 많기 때문에 이에 대한 배경지식이 있을 경우 이해하기 쉬울 것이다.

대장
가상화폐 중 시가총액이 가장 높은 비트코인을 일컫는 말

알트코인
Alternative coin의 준말로 비트코인을 제외한 모든 가상화폐를 지칭하는 말이다(비트코인을 대체하는 코인이라는 뜻).

메이저코인
시가총액이 높아 비트코인이나 이더리움만큼 유망하거나 상대적으로 안정

적으로 인식되는 종목들. 일반적으로 시가총액 10위 안에 랭크되어 있는 종목을 지칭한다.

총알

여유자금 또는 현금

풀매수, 풀매도

가지고 있는 모든 현금으로 매수하거나, 보유하고 있는 모든 코인을 매도하는 것을 말한다.

고래(Whale)

외국 카지노에서 주로 쓰이던 용어로 코인 보유량이 많거나 현금이 많아 구매력이 높아 시장을 조정할 수 있는 몸집을 가진 투자자를 지칭한다.

세력

고래와 비슷한 뜻으로 사용되나 세력은 보통 집단적으로 가격을 조종하는 이들을 지칭한다. 예) 세력 형님들 등판하셨다!

버거

미국이나 유럽 등의 투자자들을 지칭하는 말

따거

중국투자자들을 지칭하는 말

코린이

코인+어린이라는 뜻으로 가상화폐 투자에 능숙하지 못하거나 입문한 지 얼마 안 된 투자자를 지칭하는 말

물리다

자신이 매수한 가격보다 현재가가 낮아 이도저도 하지 못하는 상태. 일반적으로 자신의 가격대를 층수로 표현한다. 예) 퀀텀 8만 층입니다. 너무 외롭네요.

구조대

가격이 점점 상승하여 자신이 매수했던 가격까지 올려줄 누군가(세력)를 기다릴 때 쓰는 말. 예) 퀀텀 8만 층인데 구조대 언제쯤 도착할까요?

데드캣

높은 곳에서 떨어지는 고양이가 죽기 직전 한 번 뛰어 오르는 현상에서 유래한 말로, 가격이 급락하는 상황에서 갑자기 반등처럼 보이는 상승세를 일컫는 말. 세력이 마지막으로 자신의 물량을 털어버릴 때 사용하는 경우가 많아 이 상황에서 반등이라고 착각하여 추격매수를 한다면 그대로 고점에 물리게 되어 원금이 되기까지 오랜 시간을 기다려야만 한다.

존버

은어로 존나게 버틴다는 뜻으로, 가격의 등락폭에 상관없이 코인을 매도하지 않겠다는 의미. 외국에서는 HOLD, HODL로 쓰인다.

떡상 또는 떡락

ㄸ과 ㅍ의 생김새가 비슷하여 나타난 용어로 폭등 또는 폭락을 뜻한다.

김프(코프)

김치 프리미엄, 코리안 프리미엄의 준말로 한국 거래소의 가격이 외국 거래소에 비해 높은 상황을 의미한다.

역프

역 프리미엄의 준말. 국내 거래소의 가격이 외국 거래소보다 낮은 상황을 뜻한다.

패닉셀(panic sell)

패닉에 빠져 매도를 하는 상황을 말하며, 급격히 가격이 내려갈 때 공포에 빠져 매도세가 더 심해지는 현상을 의미한다.

FUD

Fear, Uncertainty and doubt의 준말로 공포, 불확실함과 의심을 뜻하여 가격이 급락할 때 투자자가 흔히 빠지게 되는 감정 상태를 의미한다. 악재로 인한 FUD가 나타날 경우 패닉셀을 동반하는 경우가 많다.

Fomo

Fear of missing out의 준말로 상실에 대한 불안심리를 뜻한다. FUD와는 반대 개념으로 가격이 상승하고 있을 때 다른 이는 이 상황에서 돈을 벌고 있을 텐데 하는 감정으로 질투심과 아쉬움을 동반하는 상태를 의미한다. Fomo 상태의 투자자는 차트나 장기적인 비전을 보지 못하고 뇌동매매(충동매매)에 빠져 추격매수를 하여 고점에 매매를 하게 되는 경우가 많다. Fomo는 FUD와 함께 비합리적이고 비이성적인 투자자의 행태를 보여주는 용어로 주로 사용된다.

To the moon

구름 위까지 가격이 올라 달나라까지 갈 정도로 오르길 바라는 투자자들이 외치는 말. 예) 이더리움 투더문하자!

가즈아

Gazua라고도 외국에서 쓰이는 말로 투더문처럼 자신이 매수한 코인의 가격이 올랐으면 하는 바람을 뜻하는 말. 반대 상황의 경우 한강 가즈아~라는 경우로도 쓰이기도 한다. 예) 리플 가즈아!!

Pump and Dump

트레이딩 용어로 숨을 내쉬기 전에 더 크게 들이마시는 것처럼 가격을 최대한 부풀린 뒤 대량매도를 통해 폭락시키는 것을 의미한다.

개미

소액투자자를 뜻한다.

비캐

비트코인 캐시의 준말

EEA

Enterprise Ethereum Alliance의 준말로 이더리움을 후원하는 기업체들을 의미한다.

펌핑

가격이 본격적으로 상승하는 것을 의미한다.

조정

더 큰 상승이 오기 전 낮은 가격에서 물량을 받기 위해 소액투자자들에게 두려움을 주려고 일부러 가격을 내리는 것을 의미한다.

개미털기

조정과 같은 의미로 더 큰 가격상승 전에 오는 조정을 통해 추세 하락 반전이 두려운 개미들이 물량을 내놓도록 하는 트레이딩 스킬

에어드랍

어떤 코인을 보유하고 있으면, 공짜로 새로운 코인을 그에 맞추어 지급하는 것을 말한다. 비트코인 보유자에게 비트코인 캐시가 1:1 비율로 지급되던 것이 대표적이다. 아무런 트레이딩 없이 보유 코인이 하나 더 늘어나는 것이기 때문에 일반적으로 호재로 작용한다.

스냅샷

에어드랍을 하기 위해서 정해진 시간, 정해진 블록을 기준으로 측정을 하는 것을 의미한다.

떡락충, 떡락무새

충(蟲)은 일베라는 커뮤니티에서 쓰이던 어미로 자신이 싫어하는 행위를 하는 이를 깎아내릴 때 사용하며, 무새는 앵무새를 의미한다. 즉, 많은 이들은 코인의 가격 상승을 원하고 있는 와중, 코인 가격이 계속 내려갈 것이라 악재를 내보내거나 이제 팔라고 선동하는 이들을 일컫는다. 이들은 자신의 저점매수를 위해 타인의 FUD를 이용한다.

운전수

특정 코인의 가격을 조종하여 시장을 이끄는 세력 또는 고래를 일컫는 말. 예) 어허, 운전수 양반 운전이 거칠구려. -〉 가격이 전체적으로 오르고는 있으나 변동폭이 너무 커서 개미 투자자들이 불안감에 하는 말

승차감

자신이 매수한 종목의 가격이 오르고 있을 때 사용하는 말. 예) 리플 승차 감이 벤츠S클래스입니다~ 너무 편안합니다!

흑우

호구와 발음이 비슷하여 나온 용어로 차트상 고점에 매수를 한 투자자들을 비아냥거릴 때 사용하는 말. 물론, 누구도 고점을 알아맞히는 것은 쉽지 않으므로 일반적으로 자신이 매도를 하고 나서 그 거래가 체결되었을 때 그 지점에 매수한 익명의 투자자에게 하는 말이다. 유사 용어로 흑두루미가 있다.

시체

추격매수로 인해 고점 매수를 한 투자자들을 의미하는 말. 이들은 손절을 하거나 그냥 버티는 전략을 사용하여 자신이 매수한 가격이 오게 되면 곧바로 매도하는 경향이 있으므로 가격 상승에 방해요인으로 작용한다.

Chapter 02

가상화폐
가치투자 시대

왜 가치투자인가?

– 가상화폐 시장에서의 가치투자란 저평가된 종목을 최소 1개월 이상의 시간을 들여 가벼운 등락에 연연하지 않고 투자하는 것을 말한다
– 자신이 생각하는 가치투자의 정의를 정립하라

시장이 합리적이라고? 거짓말 마라!

"1달러 지폐를 40센트에 사는 것, 그것이 가치투자이다."

세계적인 투자가 워런 버핏(Warren Buffett)이 말한 가치투자법이다. 하지만 우리는 이 말을 들었을 때, 사기이거나 불가능한 것이라고 외면한다. 논리와 합리로 가득 찬 자본주의 사회에서 어떻게 1달러짜리 물건이 40센트로 시장(Market)에 나올 수 있는 것일까? 그것은 시장이 항상 효율적이지는 않기 때문이다. 시장은 인간의 탐욕과 광기, 절망과 환희가 군중심리로 영향을 미치는 공간이기도 하다. 주식 시장과 가상화폐 시장에서 가격이 하루에도 수십 번씩 요동치는 것이 바로 그 증거이다. 하지만, 워런 버핏은 기업의 가치가 결국 내재가치에 수렴해 갈 것임을 굳게 믿었고 그것보다 낮은 가격이라고 판단될 때 매수를 했던 것이다.

그렇다면 가치투자(Value Investing)란 도대체 무엇이며, 언제부터 시작된 용어일까?

가치투자는 주식에서 먼저 사용되기 시작하였다. 1928년 콜롬비아 비즈니스 스쿨에서 벤저민 그레이엄(Benjamine Graham)과 데이비드 도드가 《증권분석》이라는 책에서 정립한 투자 패러다임을 일컫는 말로 주식의 경우 기업의 가치에 믿음을 둔 현물 투자 전략을 의미한다. 기업의 가치란 순자산가치, 성장가치, 수익가치와 기타 무형의 가치 등이 있다. 이에 따라 가치투자도 자산가치형 투자, 성장가치형 투자 등으로 구분할 수 있다.

자산가치에 의한 가치투자

순자산가치에 의한 투자는 일반적으로 기본적인 평가에 의해 현재 저평가된 종목을 찾아서 투자하는 것을 말한다. 기본적 평가에는 절대적 평가와 상대적 평가가 있다. 절대적 가치에 의한 평가는 기업의 재무제표를 분석하여 그 기업 자체가 가진 현 상황의 가치가 고가인지 저가인지 판단한다.

워런 버핏이 사용한 방법은 기업이 향후에 벌어들일 수 있는 현금을 현재가치로 할인한 값을 기업의 내재가치로 여기는 것이다. 예를 들어 한 기업이 1년에 10억 원씩의 현금을 벌어들이고 시장의 이자율이 6%일 때 그 기업의 내재가치는 약 160억 원이 된다. 즉, 워런 버핏의 방법에 의하면 이 기업이 M&A시장에 160억 원보다 밑에 나와 있다면 충분히 매수할 만하다고 판단할 수 있는 것이다.

하지만, 이러한 현금흐름할인법은 미래의 이자율이 계속 고정적이어야 한다는 점, 기업의 매출이 지속적으로 동일하다는 점을 전제하는 등 비현실적인 부분이 많다. 또한, 현재 R&D에 많이 투자하고 있어 수익을 창출하지 못하고 있는 기업의 평가는 제대로 이루어질 수도 없다.

이러한 문제점을 해결하기 위해 제안된 것이 상대적 평가법이다. 상대적 평가는 대표적으로 PER(주가수익비율, Price Earnings Ratio)[5], PBR(주가순자산비율, Price Book-value Ratio)[6] 등의 수치의 높고 낮음을 통해 그 기업의 주식이 시장에서 어떤 평가를 받고 있는지를 가늠하고 적정 주가를 평가하는 것이다.

상대적 평가법은 단순히 수치의 높고 낮음만으로 적정 가격을 판단하는 것에 그치는 것이 아니라 산업마다 자산이나 순이익의 평균 차이가 많이 나는 것을 고려하기도 한다. 예를 들어 IT산업은 기본적으로 PER, PBR이 높게 나오며 제조업은 상대적으로 낮게 나오기 때문에 일률적인 기준을 적용할 수 없다. 상대적 평가법은 현재까지도 많은 주식투자자들에게 사용되고 있는데, 그 이유는 객관적으로 명확하게 수치화되고 결국 주가에 가장 큰 영향을 미치는 것은 순이익이나 자산가치이기 때문이다.

하지만, 기업의 회계장부상의 숫자들이나 순이익 등의 경우 회계원칙을 준수하면서도 상당부분 조정이 가능한 점을 감안할 때 단순히 PER, PBR 등만

---

5 주가를 주당 순이익으로 나눈 값을 말한다. 예를 들어 한 주에 10만 원 하는 기업이 1년에 1주 당 1만 원의 순이익을 낸다면 PER은 10이 된다. 높을수록 가격이 고평가되었으며, 낮을수록 주가가 저평가 되었다고 판단할 수 있다.

6 주가를 순자산으로 나눈 값을 말한다. 주가가 순자산(자본금과 자본잉여금, 이익잉여금의 합계)에 비해 몇 배의 비율로 거래되고 있는지 알 수 있는 지표이다. PBR은 회계장부상의 가치로 회사 청산 시 주주가 배당받을 수 있는 자산의 가치를 의미한다.

으로는 기업의 가치를 정확하게 판단하기는 어렵다고 할 수 있다.

성장가치에 의한 투자(Growth investing)

자산가치에 의한 투자가 기업의 현재에 집중하여 가치를 평가하는 반면, 성장가치 투자자는 현재보다는 미래가치에 집중한다. 이들은 해당 기업의 비전이나 성장 잠재력을 보고 투자하기 때문에 현재의 자산현황이나 이익구조는 상대적으로 중요하게 생각하지 않는다. 이러한 투자법은 현재 재무구조로는 적정한 가치판단이 어려운 신생 스타트업이나 신산업의 경우에 많이 적용된다. PBR이나 PER 등의 수치는 과거 데이터의 누적을 통해서 기업의 성장성을 계산하기 때문에 오랜 기간 동안 추이를 보아야 적정 가치를 판단할 수 있지만, 블루오션 등의 신산업의 경우 시장 판도가 순식간에 변할 수 있기 때문에 현재보다는 미래에 집중하는 것이 적합한 투자법일 것이다. 다만, 현재의 기업구조를 경시하는 분석법이기에 항상 장밋빛 미래를 보장하지는 않기에 리스크가 크다는 단점이 있다.

가상화폐 시장에서의 가치투자

한편, 가상화폐 시장에서의 가치투자는 주식 시장보다 더 많은 의미로 사용된다. 첫 번째는 주식과 동일하게 해당 화폐의 가치평가가 내재가치보다 낮게 되어있다고 판단하여 투자하는 것, 두 번째는 코인의 등락에 연연하지 않고 '존버[7]하는 것, 세 번째는 기간에 있어 최소 1개월~3개월 이상 개수를 유지, 증가시키며 보유하는 것이다.

하지만, 주로 가상화폐에 투자하고 있는 이들이 이해하고 사용하는 의미는 첫 번째보다는 두 번째, 세 번째에 가까울 것이다. 왜냐하면, 가상화폐 시장은 여전히 걸음마 단계를 걷고 있는 중이기에 과거 데이터나 표본이 적어 코인의 내재가치에 대해 객관적으로 평가할 수 있는 방법이 많지 않고, 움직임이 워낙 빠르고 등락폭이 커서 단타매매가 주가 될 수밖에 없기 때문이다.

이러한 상황에서 가치투자를 목표로 하는 투자자는 자신이 생각하는 가치투자에 대한 정의를 명확히 하고, 이에 따라 투자원칙을 세우는 것이 필요하다. 아무런 기준 없이 매수한 종목의 가격이 내려갔다고 하여 매도하지 않겠다는 '묻지 마' 식으로 투자한 사람은 소중한 자산이 침몰하는 배처럼 사라져가는 것을 쓸쓸하게 보고 있을 수도 있기 때문이다.

---

7 계속 홀딩하는 것을 의미함. 44쪽 코인판 용어정리 참고.

02

가치투자는 '묻지 마' 장기투자가 아니다

– 당신을 더 가치 있게 해주는 가치투자
– 흔들리지 않는 투자기준에 따라 움직인다

가치투자의 반대는 차트투자, 단타매매인가?

기본적으로 가상화폐 시장에서의 매매는 차트를 중심으로 하는 기술적 분석 단타 매매와 장기적인 안목과 기준에 따라 투자하는 가치투자가 있다. '코인판의 1개월은 주식에서의 1년과 같다'라는 말이 있을 정도로 변화 속도가 빠른 가상화폐 시장에서는 주로 차트 분석에 의한 기술적 매매가 주를 이루고 대부분의 투자가들은 하루의 짧은 등락폭을 이용하여 이득을 취하려고 한다. 이들은 밤잠을 설쳐가며 매 시간마다 휴대폰으로 가격을 확인하며 자신이 구매한 코인이 오르지 못한 것에 한탄하고 다른 것이 오른 것을 보고 한숨을 내쉰다. 이러한 단타 매매자들은 자신이 매매한 코인이 올라서 익절을 했을 때에도, 내릴 것 같아 손절을 하는 경우에도 항상 자신이 놓친 기회비용에 대한 생각으로 인해 후회를 한다. 하지만 이러한 투자가 과연 건전하다고 할 수 있는 것일까? 과연 당신은 항상 단타매매에서 수익을 거둘 수 있을까? 안타깝게도 한 번 손실을 내면 그 순간 이전의 수익을 모두 상쇄시킬 수도 있다.

이와 같은 매매를 하고 있는 투자자들은 자신이 바람직한 기준을 가지고 가상화폐 시장에 뛰어 들었는지에 대해 근본적으로 의심해 봐야만 한다. 자신의 수명을 깎아먹는 듯한 스트레스를 받아가며 수입을 얻었을 때 그것은 충분한 가치를 가지고 있는 것인가. 우리는 한 발자국 떨어져서 머리를 차갑게 하고 가상화폐 시장에 이성적으로 접근해야 할 필요가 있다.

기술적 단타 투자자의 심리는 기본적으로 내일의 가치보다는 오늘의 현금

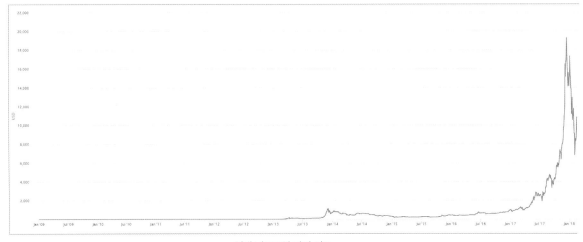

역대 비트코인 가격 차트

을 더 중요시하는 것을 바탕으로 한다. 매수한 코인의 내재가치는 이들에게 관심대상이 아니며, 그들의 주머니에 당장 들어오는 현금이다. 그렇기에 이들은 숲을 보지 못한다.

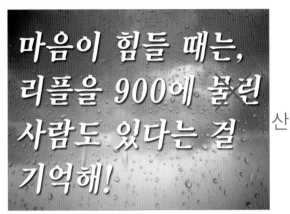

리플이 신고가를 계속 경신하자 사람들의 평가가 바뀌게 되었다.

1200달러에서 1년만에 300달러로…'비트코인' 어디로?

등록 2014-12-21 20:17 수정 2014-12-22 08:38

비트코인, 200달러 아래로 급락… 추락하는 비트코인에 날개는 없나

박현익 · 2015.01.15   f ⅴ G ✉ ★ 가 가 🖶

이전부터 등장했던 비트코인 폭락에 관한 기사 제목들

앞 쪽의 차트와 예시 기사를 보라. 과거 비트코인을 150만 원, 이더리움을 20만 원에 사서 고작 몇 만 원의 등락폭에 누군가는 견디지 못하고 손절을 한 이가 존재한다. 과연 그들이 비트코인과 이더리움, 그리고 가상화폐 시장의 미래가치에 대해 이해하고 가치투자를 했더라면 어땠을까?

그렇다면, 우리는 무조건적으로 가치투자만 해야 할까? 그것에 대한 답은 'No'다. 이상적으로 차트를 보는 것이 항상 가능하고, 매일의 등락폭을 이용하여 저점매수, 고점매도가 가능한 투자자라면 단타매매가 더 큰 이득을 볼 수 있을 것이다. 그러나 지속적으로 차트를 관찰하는 것이 어렵고, 단타매매에 대한 성공률이 낮은 이들은 단타매매보다는 장기적인 안목에서의 가치투자법이 적당하다.

가치투자가 적합한 투자자 유형
– 매시간 차트를 확인하며 실시간으로 대응하기 어려운 직장인
– 단타매매를 할 때 성공률이 90% 이상 나오지 않는 투자자
– 데이트레이딩(day trading)으로 인해 스트레스가 많은 투자자

당신이 받는 스트레스와 수명은 지금 단타매매를 통해서 얻는 수익보다 더 가치가 있는 것인가? 당신의 가치를 깎아가며 버는 돈이 의미가 있는 것일까? 고생하지 않아도 조금만 연구하고 미리 움직인다면 훨씬 더 크게, 쉽게 수익을 올릴 수 있다.

스캠 코인에 투자했어요! 어쩌죠?

2017년 후반에 코인판을 떠들썩하게 했던 비트코인 플래티넘 사건은 '묻지 마' 투자를 하면 당하게 되는 피해를 아주 적나라하게 보여준다.

비트코인 플래티넘 사건 기사

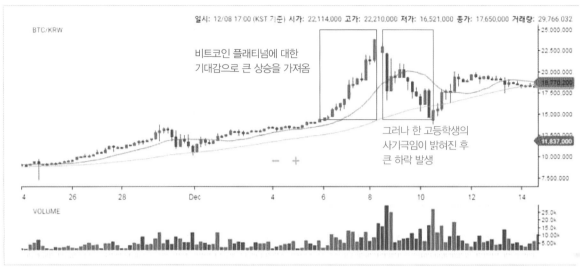

일시: 12/08 17:00 (KST 기준) 시가: 22,114,000 고가: 22,210,000 저가: 16,521,000 종가: 17,650,000 거래량: 29,766,032

BTC/KRW

비트코인 플래티넘에 대한
기대감으로 큰 상승을 가져옴

그러나 한 고등학생의
사기극임이 밝혀진 후
큰 하락 발생

VOLUME

비트코인 플래티넘 사건 당시 비트코인 차트

위에서 언급했듯이 현실적으로 가상화폐 시장에서 대부분 투자자들이 장기투자, 가치투자를 외치는 경우는 다음과 같다.

1. 자신이 산 가상화폐가 평균단가보다 밑으로 내려왔으나 손절은 하기 싫을 때
2. 손절 후 저점 매수를 하고는 싶으나 단타 실력의 부족으로 매도 버튼을 건드릴 자신이 없을 때
3. 자신이 팔자마자 오를 것이 두려울 때

이러한 투자자들에게는 자신이 구매한 가상화폐가 어떤 가치를 지니는지, 무슨 목적을 가지고 미래를 어떤 방식으로 바꿔나가려 하는지는 전혀 관심이 없

다. 단지 그들은 자신들의 주머니에 더 많은 돈이 들어오면 그만일 뿐이다. 하지만, 코인판은 이러한 이들에게까지 수익을 안겨줄 만한 시장이 아니다. 가상화폐의 기술 기반과 개발진들, 로드맵과 백서에 대한 꼼꼼한 분석 없이 막연한 기대감만을 가지고 투자를 한다면 그 투자자는 필연적으로 손해를 볼 수밖에 없으며, 그에 대한 책임은 오롯이 본인에게 있다. 화려한 겉포장에 사로잡혀 자신의 자산을 털어 넣었지만 감쪽같이 상장폐지를 하고 사라질지도 모르는 코인들을 예측하고 걸러내야 하는 것은 투자자 자신이 해야 할 일인 것이다.

상폐된 코인 차트

안전이 최고! 대형주 중심의 적립식 투자 _가치투자 유형 Ⅰ

대형주의 가치−이더리움, 이더리움클래식, 리플, 비트코인캐시, 라이트코인, 네오, 아이오타, 스텔라루멘, 이오스

증권과 마찬가지로 가상화폐 시장에서도 대형주에 투자금이 몰리는 이유가 있다. 삼성전자 주식이 상승하면 코스피지수도 상승하듯 대장주는 그 시장을 대표하는 상징성을 가지고 있다. 가상화폐의 비트코인도 다르지 않다, 아니 오히려 그 중요성은 더 크다. 일례로 "나는 가상화폐 시장에 투자하고 있어"라고 이야기 해보라. 돌아오는 답은 "아, 비트코인?"하고 되묻는 경우가 많은 것이 현실이다. 오른쪽의 비트코인 가격 차트와 시가총액 차트를 보라.

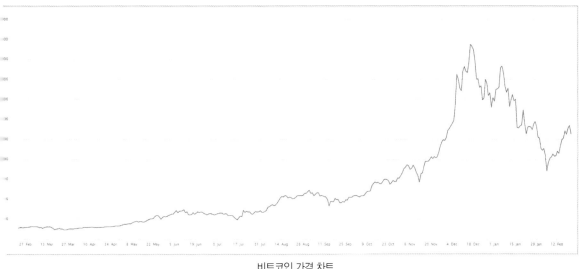

비트코인 가격 차트

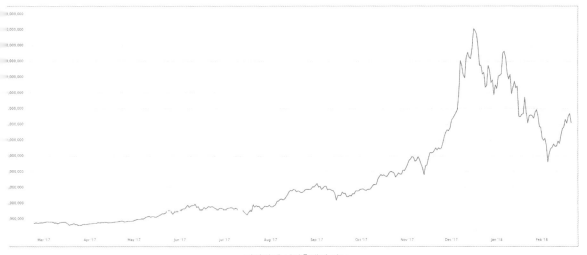

가상화폐 시가총액의 차트

관심이 없는 이들에게는 가상화폐=비트코인의 공식이 성립할 정도로 비트코인이 가상화폐 시장에서 차지하는 영향력은 엄청나다. 2018년 1월 현재 비트코인 가격은 10,000달러대로 하락하여 주춤하고 있다 하더라도, 가상화폐 시장 점유율이 1/3에 달하는 등 비트코인의 위상은 단기간 넘보기 어려울 것이다. 비트코인의 탄생과 역사에 대해서는 이미 앞에서 살펴본 것들을 참고하면 된다.

그런데 비트코인 뿐만 아니라 이더리움과 리플, 비트코인 캐시 등 시가총액 상위권에 놓여있는 대형주들은 기반 자체도 튼튼할 뿐만 아니라 많은 기업, 투자자들로부터 주목을 받아 비트코인과 어깨를 나란히 하는 종목이되었다. 대형 종목의 투자방법에 앞서 대표적인 코인들에 대해 알아보도록하자.

① 이더리움(Ethereum, ETH) – 최초의 블록체인 플랫폼, 2세대 가상화폐

비탈릭 부테린과 이더리움 로고

이더리움은 2015년 7월, 19살의 러시아인 개발자 비탈릭 부테린(Vitalik Buterin)이 개발하였다. 부테린은 비트코인의 블록체인 기술에 화폐 거래의 기록과 계약서 등의 추가 정보를 담아낼 수 있다는 점에 주목하여, 전 세계 이용자들이 자발적으로 SNS, 이메일 등 여러 정보를 기록할 수 있는 이더리움이라는 플랫폼 시스템을 만들어냈다.

이더리움이 꿈꾸는 세상 – 스마트 거래(Smart contract)

부테린은 이더리움을 만들면서 블록체인을 이용해 세상의 모든 거래가 한 플랫폼 안에서 참여자들이 서로를 속이지 않는 공정한 거래가 자발적이고 자동적으로 이루어지는 것을 바랐다. 이러한 맥락에서 등장한 것이 스마트 거래, 즉 스마트 콘트랙트다. 스마트 콘트랙트는 예를 들면 자판기에 돈을 넣고 음료를 선택하면 음료와 거스름돈이 나오는 것이 자동으로 이루어지는 것과 같은 시스템이다.

전혀 스마트하지 않다고? 그것은 가끔 자판기에 돈을 넣었는데 돈만 꿀꺽하고 음료를 내놓지 않는다든가, 가격에 미달하는 500원만 넣었는데 음료수가 2개 나오는 황당한 경우가 종종 있기 때문일 것이다. 우리는 자판기를 믿고 있지만, 자판기는 100% 신뢰하기엔 뭔가 모자라다. 여기에서 더 필요한 것은 무엇일까? 그렇다. 바로 블록체인의 기술이다. 블록체인은 위·변조가 불가능하기 때문에 계약서대로 이행할 수밖에 없다. 즉, 중고품 거래 사이트에서 흔히 일어나는 계약처럼 'A라는 물건(20원 상당)을 10만 원에 팝니다'라는 글을 올린 후 구매자가 보낸 10만 원을 받고나면 강제적, 자동적으로 물건이 보내진다. 이것은 간단한 사람과 사람 간의 단순 계약을 예로 든 것이고,

블록체인은 금융거래 뿐만 아니라 공유경제, 지식재산권, 의료나 에너지 등 활용분야가 무궁무진하다. 특히 멀지 않은 미래에는 이 기술이 사물인터넷(IoT)과 연결되어 더 많은 계약을 해낼 수 있게 될 것이다. 예를 들어 고장 난 로봇청소기가 자동으로 로봇수리기와 연결되어 비용을 지불하고 수리를 받은 뒤, 집을 청소하는 것도 가능하다. 이더리움은 블록체인 2.0이라고도 불리는 기술을 구현하는 플랫폼을 기반으로 개발된 코인이라고 할 수 있다.

2018년 3월 기준 이더리움은 비트코인에 이어 시가총액 860억 달러를 넘어 가상화폐 2위로 투자금이 집중되어 있으며 발행량은 97,406,472개이다.

② 이더리움 클래식(ETC) ◈ Ethereum Classic

이더리움 클래식은 부테린이 만든 이더리움의 블록체인 기반으로 만든 The DAO펀드가 2016년 6월 해킹을 당하는 사건이 발생하게 되자 기존의 이더리움에 대한 하드포크(Hard Fork, 가상화폐를 강제로 분리시키는 것)를 진행하여 두 가지로 분리되면서 등장했다. 기존의 이더리움은 이더리움 클래식(ETC)으로, 또 하나는 이더리움(ETH)으로 나뉘게 되었다. 부테린은 기존의 이더리움 클래식을 공식적으로 지원하고 있지 않은데, 많은 투자자들은 이더리움 클래식이 가격이 낮을 때는 '해킹코인'이라고 비난하기도 한다.

③ 리플(Ripple, XRP) ◖ Ripple

한국 투자자들이 제일 사랑하는 코인 중 하나인 리플은 시가총액 상위권 화폐들 중 유일하게 채굴방식을 사용하지 않으며, 발행량이 약 1,000억 개로 다른 화폐에 비해 많은 편이기는 하지만 더 이상 발행되지 않는다는 특징이 있다. 리플은 2004년 리플페이(Ripplepay)라는 이름으로 세계은행 간 실시간 자금 송금을 위한 서비스로 발행되었다. 이후 2012년 오픈코인(Opencoin)이라는 회사가 설립된 이후 가상화폐가 발행되었으며, 시중 통화가 아닌 금융거래를 목적으로 개발되었기 때문에 채굴이 되지 않는다. 현재 리플은 비트코인, 이더리움에 이어 시가총액 3위를 기록하고 있으며 자본 규모는 약 320억 달러에 이른다.

중앙화와 탈중앙화의 경계점

리플코인의 가장 큰 장점은 전송속도와 낮은 전송수수료이다. 리플코인으로 해외거래소 등 기타 거래소에 전송할 때 1분 이내로 전송이 완료된다. 참고로 비트코인은 최소 15분 이상 소요되며, 은행을 직접 거치는 달러 등 화폐로 보낼 경우 며칠이 걸리기도 한다. 이 때문에 해외에 체류하고 있는 유학생에게 생활비를 보낸다거나, 해외체류비를 송금할 때 리플을 구매하여 전송하면 훨씬 저렴하고 간편하게 보낼 수 있다. 뿐만 아니라 가상화폐 거래 시 거래소 간 재정거래에 활용할 때 전송하는 동안 전송 시간이 가장 짧기 때문에 가격 변동이 가장 적은 리플코인을 구매하여 전송하는 방식으로 이루어진다.

한편 리플은 채굴을 하지 못하는 만큼 리플 운영사(Ripple Inc.)에서 독점적으로 발행량을 제한하고 관리하고 있다. 이것은 알고리즘의 형태를 바탕으로 탈중앙화를 통해 해킹이나 보안의 리스크를 분산시키는 기타 가상화폐와 달리 하나의 운영주체로 인해 운영된다는 것을 뜻한다. 리플은 리스크도 높을 뿐만 아니라, 이것이 정말 가상화폐가 맞는지에 대해 의문을 표하는 투자자들이 많다. 이러한 이유 때문에 많은 투자자들은 리플이 블록체인 기반 송금

시스템에 불과할 뿐이며, 가상화폐의 자격을 완벽하게 갖추지 못하고 있다고 비판하고 있다.

리플은 은행 간 송금 및 거래를 목적으로 만들어졌기 때문에 그 가치도 얼마나 많은 은행이 사용해 주느냐에 따라 달라질 수밖에 없다. 일례로 2017년 12월 일본 sbi은행에서 리플을 통해 외환 송금을 한다는 소식이 전해졌을 때 급등하였으며, 반대로 2018년 1월 미국 은행들에서 리플을 사용할 계획이 없다는 뉴스를 발표하자 급락하기도 하였다.

'리또속'

리플을 언급하며 넘어가지 않을 수 없는 것이 바로 '리또속'이다. 리플에 투자한 사람이라면 한 번씩 들어봤을 법한 '리플에 또 속았냐!'는 2017년 상반기 즈음 리플코인의 가격이 호재나 기반 기술에 비해 너무나도 오르지 않는 현상을 냉소적으로 표현한 말이었다. 2017년 상반기 내내 100~300원 정도에 불과하여 동전주로서 사람들이 가장 쉽게 접근하는 코인이었으나 엄청난 발행량으로 인해 당시에는 가격이 오르래야 오를 수가 없는 종목으로 여겨졌다.

2017년 상반기 리플이 빗썸과 코인원에 상장되면서 해당 거래소에 가격 펌핑이 엄청나게 되어 이 시기 빗썸에서는 900원, 코인원에서도 400원이 한순간에 넘어갔다가 내려오는 사건이 벌어졌다. 이후 200원~300원대에 머물렀고, 고점매수를 한 투자자들(특히 빗썸에서 500원 이상에 매수한 이들)은 반년 넘게 섣부른 투자로 놀림을 당하기도 했다. 이후에도 5월, 7월, 11월의 비트코인이 폭락할 시기에는 같이 하락하였으나 개별 대형호재에도 전혀 꿈쩍이지 않는 모습을 보였다. 특히, swell이라는 리플 대형 컨퍼런스에 벤 버냉키(미국 연방

준비제도이사회 이사) 등 거물급 인사가 등장하였음에도 허름한 컨퍼런스 장의 분위기로 인해 오히려 가격이 급락하는 현상도 보여주며 사람들에게 실망감을 주었다.

Ripple ✓ @Ripple · 2017년 10월 16일

"Ripple spends a lot of time talking to regulators which helps @scb_thailand get the ball in motion." -Arak Sutivong #SwellbyRipple

2017년 리플 swell 컨퍼런스 현장

일시: 10/16 21:00 (KST 기준) 시가: 314 고가: 342 저가: 311 종가: 316 거래량: 0.00
XRP/KRW
컨퍼런스 당일 기대감에 의한 상승 직후 하락
1,230
325
300
275
250
229.4
205.557
26
Oct
4
8
12
10/16 21:00 (KST 기준)
20
26
Nov
4

스웰 컨퍼런스 전 후 차트

그러나 2017년 12월 경 가상화폐 시장의 활황이 이어지던 시기에는 리플코인이 이전과는 다른 모습을 보이기 시작한다. 12월 14일, 799원을 달성하며 700원 고점 매수자들의 복귀를 도와주더니, 다음 날 981원을 달성하며 1달러를 눈앞에 두었다. 이후 멈추지 않고 신고점 랠리를 계속하던 리플코인은 2018년 1월 4일 1달러, 2달러를 넘어 국내가 4,000원을 넘는 기염을 토하게 되었다. 이로 인해 리플코인에 대한 '리또속'은 쥐죽은듯이 사라졌고 리플의 가치를 알아보지 못하고 중간에 매도한 이들은 가치투자의 필요성을 뼈저리게 느끼게 되었다.

④ 비트코인 캐시(Bitcoin cash, BCH)

비트코인 캐시는 비트코인의 처리용량의 과부하 문제와 채굴 진영들의 정치적 논리에 의해 발생된 코인으로 비트코인으로부터 분리된 첫 코인이다. 이후 비트코인 골드(BTG), 비트코인 다이아몬드 등 여러 코인들이 파생되어 분리되었다. 비트코인 캐시는 분리 초기 당시 빗썸에서 30만 원과 100만 원을 오가며 적정 가격에 대한 논란이 일었으나 몇 차례 급격하게 가격이 폭등하고 안정적으로 시가총액 순위가 4위 안으로 들어오자 공짜 코인이라는 말이 더 이상 나오지 않게 되었다.

⑤ 라이트코인(Lite coin, LTC) ⬤ Litecoin

라이트코인은 비트코인에 이어 2번째로 역사가 긴 코인으로 최초의 블록이 2011년 10월에 생성되었다. 이는 비트코인의 첫 블록의 시점으로부터 2년도 채 지나지 않은 시점이다. 라이트코인은 비트코인의 포크의 결과물로 나타난 것으로 비트코인과는 별개로 분리되어 관리되는 체인이며 다른 트랜잭션을 보유한다. 비트코인을 금이라고 한다면, 라이트코인은 은에 비유되며 대중성과 신속성을 가진 비트코인이 되는 것을 목표로 하고 있었다.

라이트코인의 개발자인 찰리 리(Charlie Lee)는 MIT에서 컴퓨터공학 석사학위를 취득한 뒤 구글의 엔지니어로 일하던 중 라이트코인을 개발하였다. 그는 이공계 개발자였음에도 투자자들과의 적극적인 커뮤니케이션을 통해 투자자들의 신뢰를 얻었고 비트코인 관련 이슈가 나타날 때마다 정치적, 경제적 이슈를 떠나 자신의 고유한 의견을 과감하게 표출하였다. 일례로 비트코인의 세그윗 2x(segwit 2x)를 공개적으로 반대하여 무산되게 만든 사건이 있다.

⑥ 네오(NEO, neo) 🐾 NEO

네오 코인은 비트코인 캐시, 퀀텀과 함께 대표적인 중국계 코인이며, 원래

앤트쉐어(Antshares)라는 이름을 갖고 있었으나 메인넷(Main net)과 함께 리브 랜딩되었다. 네오는 다양한 개발언어를 지원함으로써 개발확장성이 매우 높은 플랫폼 코인으로서 Dapp으로 폭넓게 활용되고 있다. 네오를 지갑에 보관하면 가스(Gas)토큰이 지급되는데 이것은 네트워크 사용료 또는 플랫폼 사용료의 개념으로 지불되는 것으로 일종의 수수료와 같다고 볼 수 있다.

⑦ 아이오타(IOTA, IOTA) 🐝 IOTA

아이오타는 2015년 프로젝트로 시작하여 2017년 11월 독일 정부로부터 가상화폐 최초로 비영리 단체 자격을 공식 승인받은 아이오타 재단에서 만든 사물인터넷(Internet-of-Things)에 특화된 플랫폼 코인이다. 아이오타는 단위가 너무 작기 때문에 Mega IoTa의 약자로 MIOTA를 기준으로 사용하는 경우가 많다.

I(IOTA): 1 IOTA

KI(Kilo IOTA): 1,000 IOTA

MI(Mega IOTA): 1,000,000 IOTA

아이오타는 2018년 3월 18일 현재 2.78B MIOTA개(2,778조 개)가 발행되어 있으며, 시가총액 9위에 랭크되어 있다. 아이오타는 국내에서는 코인원 거래소에서만 상장되어 있는 상태이다.

탱글(Tangle)

아이오타를 언급하며 반드시 짚고 넘어가야 할 것이 바로 탱글의 존재이다. 아이오타는 리플과 유사하게 탈중앙화를 특징으로 하는 블록체인과 약간

거리가 있는 코인으로 블록체인이 아닌 탱글(Tangle)이라는 독자 기술을 사용하여 거래 시스템을 구축하고 있다. 이 때문에 많은 가상화폐 투자자들이 아이오타의 정체성에 대해 회의를 가지고 코인의 성장에 대해 마냥 긍정적으로만 보고 있지 않은 이유가 되고 있다. 한편, 기존 블록체인에서 채굴자가 트랜잭션을 모아서 증명을 해주는 작업을 취한 뒤 보상을 얻는 시스템이라면(POW, Proof-of-Work), 탱글에서는 네트워크 참여자가 트랜잭션을 일으키기 위해서는 반드시 이전의 확인받지 않은 2개의 거래를 증명해주어야만 한다. 즉, 거래자들이 채굴을 동시에 하는 구조인 것이다. 이 때문에 탱글 하에서는 채굴 보상이 존재할 필요가 없으며, 네트워크 효과로 인해 참여자가 늘어날수록 증명 속도가 빨라지며 보안성이 늘어나는 장점이 있다. 거래 수수료가 없는 IOTA는 소액 결제(Micro-Payments)를 구현하는 데 매우 유리하다.

사물인터넷과 아이오타

사물인터넷은 냉장고나 TV 등 각종 사물이 인터넷에 연결되어 스스로 데이터를 교류하는 것을 말하는데, 각 사물들은 데이터를 수집하고 타 기기와 연동이 되는 것에 그치는 것이 아니라 스마트 콘트랙트처럼 매매거래까지도 가능하다. 현재, 스마트 홈에 대표적으로 사용되고 있으며 자율주행 자동차 등 활용가능 범위가 광범위하여 4차 산업혁명에 있어 IoT는 중요한 부분을 차지하고 있다. 이러한 IoT 상에서 중요한 것이 소액 결제이다. 사물들이 자동적으로 가스비나 전기료를 납부하거나 모자란 가정용 물품을 구매하는 일을 하기 위해서는 수시로 적은 금액의 결제 시스템을 할 수 있도록 시스템이 구축되어 있어야 하기 때문이다. 다른 가상화폐의 경우 수수료의 문제로 인해 소액 결제처럼 적은 양이지만 자주 일어나는 트랜잭션을 처리하기에는 적합하지 않지만, 아이오타는 수수료가 없기 때문에 소액결제에 특화되어 있다고 할 수 있다.

⑧ 스텔라루멘(Stella, XLM) 　Stellar

스텔라루멘은 리플 개발자 중 한 명인 제드 맥케일럽(Jed Mccaleb)이 2014년에 만든 가상화폐 및 자체 결제 네트워크 플랫폼으로, 뿌리가 리플에 있는 만큼 빠른 송금 속도와 수수료가 거의 없다는 특징을 가지고 있다. 스텔라의 발행량은 18.05B개이며 2018년 3월 20일 현재 시가총액 8위에 위치하고 있다.

제드 맥케일럽

스텔라를 언급하며 꼭 짚고 넘어가야 하는 것이 바로 제드 맥케일럽이다. 그는 2001년 알 만한 사람들은 다 아는 P2P인 eDonkey(당나귀)를 공동 설립하여 프로그래밍 업계에서 인지도를 쌓았다. 이후 비트코인과 가상화폐를 접하고 나서 관심을 가지게 되어 2010년 마운트곡스(Mt.Gox) 거래소를 설립하였다. 마운트곡스 거래소는 3년 만에 전체 비트코인 거래의 대부분을 차지하는 세계 제일의 거래소로 성장하였으나 2014년 2월 해킹사건으로 인해 파산하자, 동료들과 함께 리플랩스를 창립한다. 그러나 회사 내부 사정으로 인해 이 사회에 의해 축출 당하게 되자 그는 2014년 5월 리플을 기반으로 스텔라를 설립하게 되었다. 초기에는 스텔라라는 이름을 사용하였으나 2015년 루멘으로 이름을 변경하며 이 때문에 현재는 거래소마다 스텔라, 또는 루멘으로 다르게 부르게 되었다.

비슷한 듯 다른 리플과 스텔라

리플과 스텔라는 같은 설립자로부터 나온 만큼 비슷한 점이 매우 많다. 기능적인 측면에서는 블록체인을 기반으로 디지털 송금서비스 및 플랫폼을 추구한다는 점, 그리고 빠른 전송속도는 두 코인의 대표적인 장점이다. 하지만, 리플은 은행 간 거래를 중심으로 영리적인 목적이 강한 반면, 스텔라는 스텔라 디벨롭먼트 기금 재단이라는 비영리 재단을 중심으로 하고 있어 공공성 측면이 좀 더 강하다고 할 수 있다.

한편, 리플은 탈중앙화를 기반으로 하는 가상화폐와는 성격이 달라 중앙화에 의한 합의 시스템을 하고 있지만 스텔라는 완전한 중앙화도, 완벽한 탈중앙화도 아닌 스텔라만의 SCP(Stellar Consensus Protocol)라는 새로운 합의 메커니즘을 추구한다.

⑨ 이오스(EOS, EOS) 🔹 EOS

이오스는 비트쉐어(Bitshare, 온라인 분산 거래소)와 스팀잇(블록체인 기반 SNS 커뮤니티)를 개발한 댄 라리머(Dan Larimer)가 개발한 토큰으로, 이더리움보다 훨씬 확장성이 높은 Dapp 플랫폼을 만드는 것을 목표로 한다. EOS는 특이하게도 다른 코인들과 달리 2017년 6월 말부터 1년 동안 ICO를 원하는 이들에게 자유롭게 참여할 수 있도록 풀어놓았다는 점이다. 1년에 걸쳐 10억 개가 발행되도록 하였는데 2018년 3월 현재 736.50M개가 발행되었으며 시가총액이 3.96B에 육박하여 현존하는 모든 토큰 중에서 가장 몸집이 크며 가상화폐 전체 순위에서도 10위 안에 랭크되어 있다. 국내에서는 빗썸 거래소에서만 유일하게 거래가 가능하다.

EOS Blockchain(Platform)

이오스가 나아가고자 하는 플랫폼의 방향의 출발점은 이더리움 등의 기존 플랫폼들의 문제점으로부터 시작한다. 이더리움은 기술적으로는 뛰어나나 거래 처리 속도가 매우 느려 유명 ICO를 할 때마다 모든 거래를 처리하지 못해 트랜잭션이 멈춰버리기도 하였다. 또한 이더리움은 사용할 때마다 이용자가 가스비라는 형태로 수수료를 부담하기 때문에 사용자 편의성이 떨어진다. 이오스는 이를 해결하기 위해 수수료 없이 빠른 트랜잭션을 할 수 있도록 플랫폼을 구성하였다. 이것이 가능하게 된 것은 스팀에서도 이용하는 DPOS라는 방식 덕분이다. 이를 바탕으로 EOS는 초당 약 8만 건의 트랜잭션을 처리할 수 있으며 한 블록의 생성시간은 3~6초 남짓이다.

대형주의 가치투자 활용법

① 밤에 사서 낮에 팔아라

앞에서 설명했던 것처럼 가상화폐 시장에서의 대형주는 가상화폐와 블록체인의 상징과도 같다. 이 때문에 이들의 가치가 내려가고 시가총액이 줄어드는 것은 블록체인이나 가상화폐에 대한 악재나 어두운 전망이 쏟아져 시장 전체에 공포와 불안이 넘쳐나고 있다는 뜻이다. 하지만, 두려워하지 말라. 이러한 악재나 가격의 등락은 증권 시장에서도 자연스러운 일들인 것처럼 비트코인이 거래되기 시작한 2010년부터 언제나 나왔다 사라지고는 했던 것들이다. 즉 규제나 거품 논란은 이전부터 있었던 이야기이며 이것은 곧 저점매수

비트코인 차트

를 위한 누군가에 의한 고의성 뉴스인 경우도 매우 많았다. 하지만, 블록체인에 대해 공부했듯 4차 산업혁명의 성장에 따라 블록체인은 점점 더 주목받을 것이며, 가상화폐 시장 또한 이에 발맞추어 커져나갈 것이다.

그렇기에 우리는 어떻게 대형주에 안전하게 투자할 것인가만 생각하면 되는 것이다.

② 가격이 내려올수록 마음이 편한 투자

나의 경우 비트코인과 이더리움 등의 시가총액 상위권에 투자할 금액을 매달 일정 부분씩 보관해둔다. 아무리 대형주라 하더라도 가격이나 시황을 고려하지 않은 '묻지 마' 매입은 평균 단가만 올리기 때문에 적절한 가치투자라고 볼 수 없다. 이후 개별 차트를 장기간(1h, 2h, 4h, 1d, 1w)으로 늘려 지속적인 관망세를 유지한다. 참고로, 빠른 변화가 이루어지는 가상화폐 시장에서 대형주들의 가치투자를 할 때 1h 이하의 차트를 보는 것은 단타를 하는 것과 동일하다는 것을 기억해 두자. 그 후 각 차트별 추세선이 무너지기 시작할 때 분할로 매수대기를 예약한다.

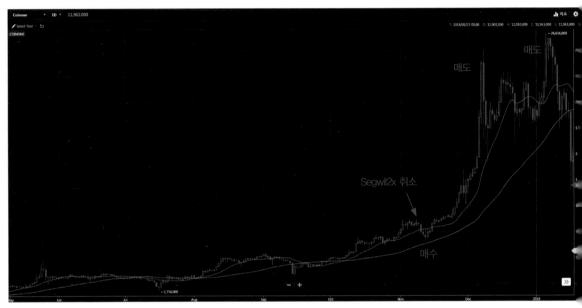

비트코인 세그윗 당시 차트와 매수분할선

③ 비합리적인 투자자들의 심리를 십분 활용하라

대형주의 투자에 있어 진입하기 가장 좋은 시그널은 뉴스와 각종 커뮤니티에서의 반응이다. 나는 가상화폐 관련 뉴스에 폭락이라는 제목이 보이기 시작할 때, 댓글들 반응에 '한강 가즈아~' 등 절망과 공포에 찬 분위기가 보이기 시작할 때를 정확한 매수 시그널이라고 판단하고 있다.

가상화폐 시장은 주식과는 달리 서킷 브레이커도 없기 때문에 투자자들의 불안감이 비이성적으로 증폭되기도 한다. −30%, −40%를 겪어보지 못한 신규 진입자들은 거대 하락장이 왔을 때 가장 먼저 손절하기 시작한다. 이렇게 손절을 한 이들은 가상화폐나 블록체인에 대해 반감을 가지며, 오히려 악재를 퍼다 나르는 메신저 역할을 하기 시작한다.

재진입을 원하는 투자자는 더욱 저점에서 구매하기 위해서 지나간 악재마저 다시 재구성하여 전달하고, 진입을 더 이상 하지 않는 이는 악담을 퍼붓는다. 이에 시장은 불안감이 더더욱 조성되고, 세력은 이를 이용해 계속 가격을 폭락시키면서 저점에서 개미들의 물량을 뺏어간다. 한없이 내려가는 가격에 절망한 이들은 계속 매도하고, 더 이상 내놓을 물량이 없어지면 그때 충분한 수량을 확보한 세력은 이제 다시 가격을 끌어올린다. 물량을 빼앗긴 개미들은 한없이 오른 가격을 쳐다보기만 한다.

기억하자, 모두가 부정적인 의견을 보일 때가 비로소 투자의 적기이다.

2017년 5월 폭락 당시 기사 제목들

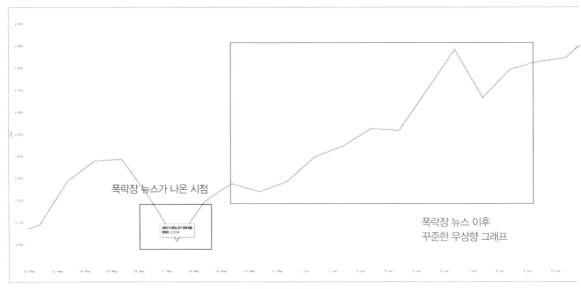

해당 기간 비트코인 차트

POW vs POS vs DPOS
– 채굴 방식에 대한 설명

DPOS를 설명하기 이전 짚고 넘어가야 할 것이 바로 채굴에 관한 점이다. 블록체인을 유지하기 위해서는 일정 시간마다 트랜잭션들을 모아 이 거래들이 유효한 거래라는 증명을 하고(문제를 푸는 행위) 체인을 점점 길게 이어나가는 행위가 반드시 필요하다. 하지만, 이것을 위해서는 많은 에너지(전력)가 필요하다. 그렇기 때문에 문제를 사람들이 자발적으로 풀 수 있는 유인을 제공하기 위해서 가장 먼저 문제를 풀어 블록을 생성한 이에게 보상을 제공하는 것이다. 이것이 바로 Proof-of-work이다. PoW의 구조 하에서는 많은 해시 파워(연산 능력)를 가질수록 블록을 생성할 확률이 늘어나기 때문에 제조업의 대기업처럼 규모의 경제가 매우 큰 영향을 미친다. 그렇기 때문에 우지

한의 채굴장(Bitmain)처럼 대규모 채굴장이 비트코인을 채굴하기 위해 달려드는 것이다. 하지만, PoW는 전력을 매우 많이 소모하며 과점화되는 채굴장이 탈중앙화와는 거리가 멀다는 인식이 점점 퍼져가며 이를 개선하고자 다른 채굴 방식들이 고안되고 있다.

PoS(Proof of Stake)는 에너지효율적인 측면에서 PoW를 개선하기 위해 나타난 채굴 방식이다. PoS는 연산 능력이 아닌 지분 즉, 코인 보유량을 기준으로 채굴이 진행된다. PoS는 지분을 가지고 있는 모든 이들에게 지분에 비례하여 블록을 생성할 확률이 생성된다. 그렇기 때문에 PoS시스템 하에서는 실용적으로 아무 쓸모없는 채굴기를 사용할 필요가 없어지며 오로지 더 많은 지분을 보유하는 것이 채굴자들의 목표가 된다. 이 때문에 PoS는 가상화폐를 보유하고 있는 이들이 이자형식으로 사용하는 경우가 많다. 다만 PoS는 블록의 최종확인까지 여러 단계의 확인을 거쳐야 하기 때문에 트랜잭션의 속도가 저하된다는 단점이 있다.

DPoS(지분 위임 증명, Delegated Proof-of-Stake)는 PoS의 느린 거래 속도를 해결하고자 나타난 방식으로 스팀, 비트쉐어, 이오스 등이 사용하고 있다. PoS가 모든 이에게 투표권을 부여하는 완벽한 민주주의라면 DPoS는 대의 민주주의이다. DPoS는 모든 사용자(노드)의 투표로 권한을 위임받은 이가 대표자가 되어 이들의 합의 증명으로 블록을 생성하는 구조로 PoS보다 훨씬 적은 비용으로 빠르게 거래를 처리할 수 있다는 장점이 있다. 다만, 대의 민주주의도 국회의원들끼리의 담합이나 비리의 위험성이 상재하는 것처럼 DPoS에도 대표자들의 선의에 많은 부분을 기대하고 있어 보안이나 투명성에 대한 위험이 존재한다.

될성부른 싹 골라 키우는 소형주 중심의
파종 투자 _가치투자 유형 Ⅱ

"씨앗을 뿌려 큰 숲이 될 때까지 기다려라."

　내가 소형주(동전주)에 관심을 갖게 된 것은 2017년 6월 부근 Bittrex라는 거래소를 알고 난 이후부터였다. 현재까지 같이 투자를 하고 있는 지인(크맨)과 함께 기술 등 여러 기반은 좋으나 투자자들에게 아직 알려지지 않은 종목을 찾아 나섰고, 그 중에 다크코인(익명성과 보안성에 초점을 맞춘 가상화폐)에 관심을 갖게 되었다. 당시 모네로와 대쉬 등 다크코인의 가치가 부각되며 먼저 가격이 상승하기 시작하였기에 나는 아직 투자자들이 발견하지 못한 종목 중 버지(Verge, XVG)에 주목하였다. 가격 상승률이 낮지만, 개발진이나 로드맵, 기술 기반 등 제반 가치를 판단하였을 때 현재 가격은 매우 저평가 되어있는 것으로 판단하고, 10원 미만에서 매집을 시작하였다. 결과적으로는 어떠한 일이 벌어졌을까. 버지는 업비트 기준 6개월, 1년 상승률 최고 53,000%, 상승 순위 1위를 여전히 기록하고 있다.

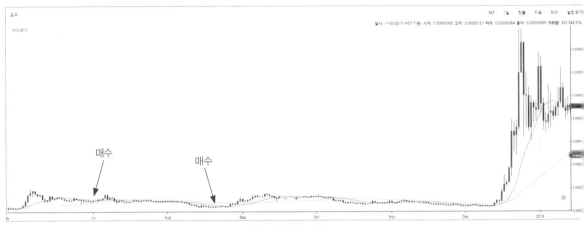

버지 차트 및 매수 시기

2017년 후반부부터 동전주라고 불리는 소형주들의 반란이 지속되고 있다. 여기에는 11월, 12월 시가총액이 급격히 늘어나면서 비트코인의 자금이 기타 알트코인으로 유입되었고, 이로 인해 가격 펌핑이 상대적으로 쉬운 동전주들 이 교대로 폭등을 하였다.

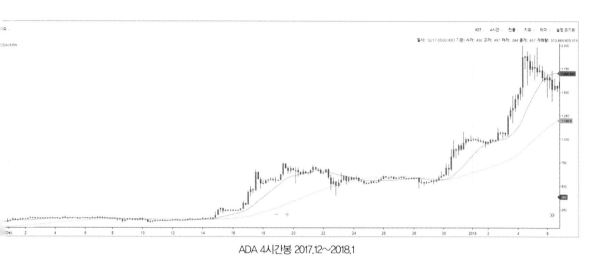

ADA 4시간봉 2017.12~2018.1

강소형 가상화폐

① 퀀텀(Quantum, QTUM) Qtum

리플 못지않게 한국 투자자들이 사랑하는 퀀텀코인은 2016년 3월 싱가포르의 퀀텀 파운데이션(Quantum Foundation)을 통해 만든 오픈소스 블록체인이다. 퀀텀은 세 명의 공동 창립자 중 한 명이자 CEO인 패트릭 다이가 중국 최대 온라인 몰인 알리바바에서 근무한 경험이 있을 뿐만 아니라, 개발진들 중 많은 이들이 알리바바, 중국 및 세계 최대 규모의 인터넷·게임 회사인 텐센트, 바이두 출신으로 구성되어 있어 '중국판 이너리움'이라고도 불린다. 이것이 점점 홍보가 되자 출시 초기에는 주로 한국에서만 많은 관심을 받던 퀀텀은 점점 중국인들의 투자비율이 높아지게 된다.

한국 투자자들에게 퀀텀이 친숙한 이유는 개발자인 패트릭 다이가 공식 텔레그램과 카카오톡 채팅방에서 한국 투자자들과 활발한 커뮤니케이션을 하기 때문이다. 퀀텀코인은 기술적으로 비트코인의 UTXO(unspent transaction output) 기술을 기반으로 이더리움의 EVM(Ethereum virtual machine)을 연결하고 있다. 그렇기 때문에 비트코인의 보안성과 이더리움의 확장성을 동시에 지녀 둘의 장점을 합쳤다는 평가를 받고 있다. 퀀텀은 둘의 하이브리드 방식을 채택하였지만, 채굴 방식은 두 코인과 다른 노선을 취한다. 비트코인과 이더리움은 PoW[8](Proof-of-Work, 작업증명)을 사용한다. 그러나 퀀텀은 PoS(Proof-of-Stake, 지분 합의 증명)을 채택했다. PoS 채굴 방식은 PoW 채굴 방식의 가장 큰 문제인 높은 채굴 비용과 해쉬 독점 가능성을 해결하고자 나타난 시스템이다. PoS채굴을 위해서는 단지 온라인 PC 1대면 충분하며 더 많은 채굴 보상을 위해서는 많은 코인을 보유하면 된다.

퀀텀은 이더리움의 토큰으로 시작하여 그 근간은 이더리움에 있으나 메인넷 이후 독자적인 횡보를 하며 플랫폼 코인으로서 하나의 흐름을 만들어 내고 있다. 퀀텀의 Dapp은 주로 에너지, 의료, 우주산업, 지적재산권 분야에 활용되며 대표적인 퀀텀기반 토큰으로는 의료분야 관련 토큰인 메디블록과 문화컨텐츠 관련 토큰인 잉크가 있다.

이처럼 뛰어난 기술력을 가지고 있는 퀀텀이지만, 별명은 애석하게도 '똥텀', '만텀' 등 불명예스러운 것들이 붙어 있다. 그 이유는 '리또속'에서처럼 좋은 대형 호재가 있음에도 항상 그 때마다 비트코인에 악재가 발생하여 시장 전체가 위축되는 상황이 발생하였다. 그래서 퀀텀은 호재를 가지고 있어도

---

8 흔히 알고 있는 마이닝(Mining)과 유사한 개념으로 더 많은 컴퓨터 파워를 바탕으로 해시를 보유하고 있는 자가 블록을 발견하여 보상을 얻을 확률이 높아지는 시스템

가격이 오르지 않아, 한국 투자자들의 많은 미움을 받고는 했으나 2017년 12월 만텀, 이만텀을 돌파하여 10만 원을 넘는 기염을 통하면서 많은 이들의 설움을 해소해 주었다.

가상화폐 시장 최초의 인공위성 - 노드

2018년 2월 2일, 퀀텀은 가상화폐 시장에서 최초로 인공위성을 쏘아 올렸다. 비록 대형 로켓으로 쏘아올린 것이 아니라 소형 큐브 위성에 불과했다고

퀀텀 위성 노드

그 가치를 폄하하는 사람들이 있었지만 노드 위성은 퀀텀의 목표인 스페이스 체인(space chain)의 의지가 담겨 있다. 퀀텀은 여러 개의 위성망을 통해 전 세계 위치에 상관없이 인터넷에 연결하지 않고도 사용할 수 있도록 하는 것을 목표로 하고 있다. 이는 사물인터넷(IoT, Internet of Things)과 연관된 것으로 인터넷을 사용하는 온체인(onchain)과 인공위성을 이용한 오프체인(offchain)을 연결하는 것이다.

② 시아코인(Siacoin, SC) ○ Siacoin

시아코인은 2015년 6월 보스턴에 위치한 Nebulous사가 클라우드 데이터 저장 서비스인 시아(sia)를 기반으로 탄생한 가상화폐로 간단하게 말해 구글 클라우드 서비스나, 네이버 N드라이브와 유사하다. 다만, 이들과 다른 점은 시아코인은 블록체인을 이용한 분산형 프라이빗(private) 저장 공간으로, 타 서비스에 비해 훨씬 낮은 비용으로 클라우드 서비스를 이용할 수 있다는 것이다.

시아 코인의 블록체인 기반 분산형 저장 공간 거래에 대한 아이디어는 전 세계의 많은 사용자들이 하드디스크의 모든 공간을 사용하고 있지는 않아 유휴공간이 존재하고 또 한편에서는 디스크의 공간이 모자라 추가적인 용량이 필요한 이가 있다는 점에서 출발한다. 이는 누군가에게는 남는 물건을 그것을 필요로 하는 누군가에게 임대해준다는 일종의 공유경제와도 같다고 볼 수 있다. 즉, 개인의 하드디스크 공간을 클라우드 기반의 웹 하드로 만들고 P2P(Peer to Peer)네트워크를 통해 수요자에게 하드 공간을 임대하여 시아코인을 받는 시스템이다.

이러한 분산형 클라우드 서비스는 기존의 한 기업에서 중앙에 큰 저장소를 만들어 용량을 임대하는 것과 달리 하드디스크들의 파편조각들을 모아 블록체인으로 연결한 것이기 때문에 보안성의 측면에서 훨씬 유리하다. 특히, 시아 서비스에 저장되는 자료는 모두 암호화되어 저장되고, 정보를 소유한 이만이 해당 정보에 접근할 수 있는 키(key)를 가지고 있기 때문에 나의 정보는 나 이외에 그 누구도 확인할 수 없다. 이 뿐만 아니라 비용적인 측면에서도 1TB(Terabyte)를 대여하는 데 겨우 월 2천 원 정도밖에 들지 않기 때문에, 월 10,000원 정도가 드는 기타 서비스(예를 들어 네이버 클라우드)보다 훨씬 저렴하다.

한편, 시아 서비스는 개인들의 참여로 이루어지는 시스템인 만큼 사용자가 늘어날수록 서비스의 질이 높아지는 효과가 나타난다. 즉, 임대(차) 공간이 늘어나고 대역폭(Band width)이 넓어져 웹하드의 속도도 빨라지는 것이다.

이 뿐만 아니라 현재 시아코인은 플랫폼 내 다양한 서비스를 이용할 때의 지불수단으로도 활용되고 있는데, 이를 이용하여 사용할 수 있는 클라우드 서비스 어플리케이션이 약 5개 이상이다.

시아 코인의 발행량은 무제한으로 2018년 3월 18일 현재 33.19B개가 채굴되었고 가격은 0.01$으로 시가총액 37위이다.

③ 오미세고(Omisego, OMG) OmiseGO

오미세고는 2013년에 일본인인 하세가와 준(Hasegawa Jun)이 설립한 핀테크 기업, 오미세에서 만들어낸 이더리움 기반의 토큰이다. 오미세는 일본어로 가게(店)를 의미한다. 오미세는 태국 방콕을 거점으로 일본, 싱가폴, 인도네

시아 등을 주 지역으로 결제서비스를 운영하였다. 그러던 중 이더리움을 기반으로 하여 기존 화폐까지도 아우를 수 있는 전자결제 플랫폼인 오미세고를 만들어냈다. 오미세고 결재 플랫폼 거래소인 DEX를 이용하면 달러 결제몰에서 원화와 비트코인으로 모두 결제가 가능할 뿐만 아니라 항공 마일리지부터 편의점, 그리고 맥도날드에서 결제하는 것이 가능하다. 즉, 다른 코인들에 비해 실생활 밀착형 플랫폼 서비스라고 할 수 있다.

오미세고의 ICO

오미세고는 이더리움 창시자인 비탈릭 부테린이 어드바이저로 참여하였고, 라이트닝 네트워크의 저자인 조셉 푼, Golem의 줄리안, 비트코인의 대형 투자자인 로저 버가 참여하여 매우 탄탄한 인원으로 구성되어 있다. 게다가 개발자가 일본인인 덕에 SBI인베스트먼트가 주도한 펀드로 1,750만 달러를 투자받았을 뿐만 아니라 프리세일 단계에서 폭발적인 인기를 끌어 순식간에 2,500만 달러가 모금되어 ICO 일정이 취소되어버리기까지 하였다.

오미세고의 발행량은 102.04M개이며, 시가총액은 2018년 3월 20일 현재 1.09B로 전체 시가총액 20위에 랭크되어 있다.

소형 가상화폐의 가치투자 활용법

① 많이 올랐다고? 아직이야!

내가 소형 가상화폐(동전주) 가치투자법에 대해 연구하고 고민하게 된 계기

는 2017년 하반기의 리플의 폭등과 2017년 11월~12월 스테이터스(SNT)의 폭
등 이후부터였다.

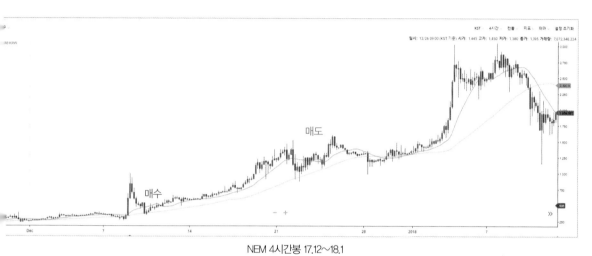

NEM 4시간봉 17.12~18.1

SNT 4시간봉 17.12~18.1

물론 두 코인 모두 수익을 보았다는 점에서는 공통적이지만, 이후 '왜 나는 이 시점에서 매도할 수밖에 없었는지'에 대해 고민하였고 그 결론은 '코인에 대한 적정한 가격평가를 할 수 없었기 때문'이었다. 현재 가격이 최고점일까 봐 폭락을 두려워하며 매도를 하였던 것이다.

많은 투자자들이 처음 가상화폐 시장에 진입하면서 고르는 것은 '어떤 것이 가장 저렴한가'이다. 일반적으로 주식에 한 번이라도 발을 들여놔 봤던 사람들은 이해할 것이다. 액면분할을 하지 않는 이상 1주를 사지 못하면 그 종목에 투자를 하지 못할 것만 같은 생각이 드는 것도 당연하다.

그러나 우리는 21C 가상화폐 시장에 투자하고 있다. 1개보다도 더 작은 개

매수	매도	거래내역
주문가능		0 KRW
매수수량(ETH)	0.0005	가능 ∨
매수가격(KRW)	1,020,000	− +
주문총액		510 KRW

최소주문금액: 500 KRW　수수료(부가세 포함): 0.05%

이더리움 매수 최저 개수

수로 분할되어 우량의 코인 구매가 가능하지만 이를 알지 못하는 투자자들은 최대한 싼 동전주에 주목하고 있는 것으로 판단되며 그 이유로 인해 업비트에 동전주가 폭등하는 것으로 보인다.

사실 동전주들은 같은 가격이 오르더라도 비중이 높기 때문에 이익과 손해의 비중이 매우 커진다. 그래서 조금만 상승해도 폭등한 것처럼 보여 자칫하면 상투(고점에 물린 상황)를 잡힐까봐 투자에 주저할 수 있다. 그러나 매수를 망설이는 동안 가격은 횡보를 거쳐 또 폭등하게 되고 매수하지 못한 이들은 망연자실하고 만다. 왜 이런 일이 생기는 것일까? 왜 내가 사지 않았거나 진즉에 팔았던 동전주는 끝도 없이 오르는 것일까? 그것은 바로 그 가상화폐가 '왜 올랐는지를 몰랐기' 때문이다.

물론 우리는 신이 아니기 때문에 최고점을 맞출 수는 없다. 그러나 우리가

XRP/KRW 4시간봉 17.12~18.1

고점이라고 생각하여 매도한 가격이 누군가에게는 저점매수 지점일 수 있음을 기억하자. 끊임없는 코인에 대한 공부와 이성적인 가격분석, 가치평가만이 적절한 매수매도 시점을 잡을 수 있게 한다.

② 하나의 장바구니에 모든 물품을 담지 마라

내가 소형주에 대해 투자를 할 때 가장 많이 사용하는 방법은 자본금을 최대한 부담이 없어지는 가격까지 쪼개서 많은 종목에 분할투자를 하는 것이다. 소형주는 호재와 가격상승의 직접적인 상관관계가 낮은 경우가 많을 뿐만 아니라 뉴스가 가격에 곧바로 반영되지 않을 때도 많다. 그렇기 때문에 대형주나 중견 코인을 투자하는 것보다 더 많은 사전분석과 기다림, 인내심이 필요하다. 짧게는 1개월, 길게는 6개월까지도 가격이 오르지 않는 경우도 허다하기 때문에 사전에 그 종목에 대한 철저한 공부와 정보수집을 해야만 하고, 지지선에 따른 분할매수를 한 뒤 여유롭게 기다린다.

1. 사전 준비: 로드맵 등의 파악을 통한 철저한 종목분석
2. 분할투자: 전체 시황 등을 고려한 분할매수
3. 투자 이후: 목표가격, 기간만큼 여유로운 마음으로 대기하기

05

위험하지만 알면 제일 쉬운 투자법
ICO투자 _가치투자 유형 Ⅲ

ICO는 도대체 뭘까?

2017년 말 신생 코인들이 연이어 대박이 나면서 투자자들 사이에서 기존에 이미 성장한 코인보다는 제2~제3의 이더리움, 리플을 찾으려는 분위기가 많이 나타나며 새로운 분야를 개척하는 종목을 찾아나서는 ICO가 주목을 받게 되었다. 하지만 ICO가 뭔지, 그것이 어떤 위험성을 동반하고 있는지 충분히 검토하지 않고 '누가 ICO로 돈을 많이 벌었대!'라는 이야기와 근거 없는 희망만을 가지고 진입하려고 하는 투자자가 많다. 따라서 지피지기 백전백승이란 말이 있듯 소중한 자산을 투입하는 만큼 ICO에 대해서 기본적인 것은 알고 넘어가야 한다.

ICO는 Initial Coin Offering의 약자로 '신생 코인 지급'이라는 의미이지만 흔히 '가상화폐공개'라는 용어로도 쓰인다. 일반적으로 증권 시장에서 일반법인으로 있다가 코스피 등에 상장하기 위해 재무 상태와 기업경영상태를 공개하며 주식을 발행하여 자금을 모으는 기업공개 행위인 IPO(Initial Public Offering)와 비슷한 절차라고 할 수 있다.

위키피디아에서는 ICO에 대해 이렇게 정의한다.

An initial coin offering(ICO) is a controversial means of crowdfunding centered around cryptocurrency, which can be a source of capital for startup companies. In an ICO, a quantity of crowdfunded cryptocurrency is preallocated to investors in the form of "tokens", in exchange for legal tender or other cryptocurrencies such as bitcoin or ethereum. These tokens supposedly become functional units of currency if or when the ICO's funding goal is met and the project launches.

논란이 되는 ICO는 신생기업에게 자본 공급의 수단이 되는 가상화폐를 둘러싼 크라우드펀딩의 한 수단이다. ICO에서 크라우드펀딩된 대량의 가상화폐는 '토큰'(법정통화나 비트코인이나 이더리움 같은 다른 가상화폐와 교환한)의 형태로 사전 할당된다. 이러한 토큰은 ICO의 펀딩 목표액이 충족되고 프로젝트가 시작될 때 기능적 화폐가 된다.

위에서 볼 수 있듯이 ICO는 신생기업의 비상장주 사전매매와도 같다. 비트코인의 경우 그 구조가 단순하여 복제해서 만들기 매우 쉬운 가상화폐로 코드만 살짝 바꾸면 누구나 유사 비트코인을 제작할 수 있다. 그러나 이 위에 기존에 없는 새로운 기능을 추가하는 것은 매우 복잡한 기술과 혁신적인 아이디어가 필요하다. 그래서 스타트업 개발자들은 신규 가상화폐를 제작하는 데 들이는 시간과 비용을 줄이기 위하여 두 가지 방법을 사용한다. 첫 번째는 기존에 존재하는 플랫폼 형식의 블록체인 기술을 살짝 응용하여 일종의 변형 코인을 만드는 것이다. 이러한 플랫폼의 대표적인 것이 이더리움, 퀀텀, 웨이브, 네오 등이다. 그리하여 이들의 블록체인 기술과 연동하는 프로그램을 만들어 배포하며 탄생하는 것이 바로 '토큰'이다.

한편, 기존의 블록체인 기술 플랫폼을 사용하지 않고 아예 새로운 코인을 만드는 것도 하나의 방법이 될 수 있다. 이 경우 자신만의 블록체인을 만드는 것이기 때문에 많은 기술과, 시간, 비용이 요구된다. 이를 충당하기 위해 개발진들은 기존의 코인(이더리움, 퀀텀 등)과의 교환을 통해서 미래에 출시될 코인을 판매하고, 여기에 먼저 투자하는 열성 얼리어댑터들에게 인센티브로서 코인을 더 주는 선판매(pre-sale)를 진행하는 것이다.

토큰(token) vs 코인(coin)

토큰과 코인의 차이점을 알기 위해서는 코인의 생성 단계를 먼저 이해해야 한다. ICO를 통해 초기에 만들어진 토큰은 일종의 '기생상태'라고 보면 간단하다. 기존 코인의 기술을 응용하여 만들어진 블록체인 형태인 토큰은 현재는 홀로 설 수 없는 태아기, 또는 부모 손을 잡고 연습하는 걸음마 단계라고 할 수 있다. 이것이 개발을 거치면서 블록체인 기술을 검증하는 테스트넷(Test Net)을 지나 개발이 완료가 되면 메인넷(Main Net)을 통해 하나의 독자적인 코인으로 거듭나게 된다. 즉, 기존에 있던 기술에 그림자처럼 가려져있던 토큰이 하나의 정식 코인으로 발전하는 계기가 바로 메인넷에 올려지는 것이며 이는 해당 코인에 있어 큰 호재로 작용한다.

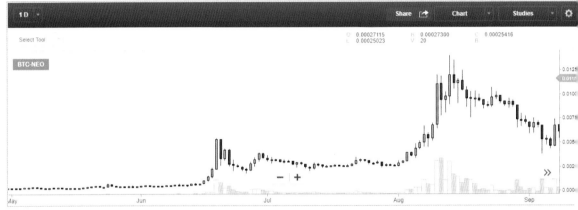

NEO의 Main net 이후 폭등을 보여주는 차트

한편, 메인넷에 올리는 것에 성공할 경우 기존의 토큰을 코인으로 변환하는 작업을 해야 하는데 이를 스왑(swap)이라 한다. 결국 토큰과 코인은 가치에 차이는 없으며, 명칭이나 단계적 상이함만을 가진다. 10만 원이 넘는 토큰이 있는가 하면, 1원도 안 나가는 코인이 존재하기에 투자할 때는 '코인이기 때문에 무조건 매수', '토큰은 언제 없어질지 모르기 때문에 보류'라는 포지션은 정확한 가치투자자의 자세라고 할 수는 없을 것이다.

| ICO | → | 토큰 | → | 테스트넷 | → | 메인넷 | → | 스왑 | → | 코인 |

도식화해 본 코인의 흐름

ICO vs IPO(Initial Public Offering) vs 크라우드펀딩

여기서 앞서 말한 ICO와 IPO의 차이를 조금 더 알아보자. ICO와 IPO는 프로젝트의 일정 지분을 리스크를 무릅쓰고 투자하려는 이들에게 추가적인 이득을 주면서 매도하는 점에서는 유사하다. 다만 IPO는 금융기관이나 증권사를 통하여 이루어지는 자금 모집인 반면 ICO는 프로젝트 주관사가 직접 블록체인 기술을 이용하여 자금을 모집한다. 또한 IPO는 전문 투자자가 주로 투자에 임하는 반면 ICO는 개인 투자자가 많이 이용한다.

한편, ICO와 크라우드펀딩은 모두 새로운 시장에 참여하기를 원하는 얼리어답터(early adopter)로부터 자금을 모집하는 점에서는 같으나 크라우드 펀딩은 투자수익을 노린다는 것보다는 프로젝트의 결과물을 지급하는 방식으로 운영된다는 점에서 ICO와 다르다.

ICO의 위험성(독이 든 황금사과?)

ICO는 이제껏 존재하지 않는 새로운 코인을 발행하여 자금을 모으는 역할이기 때문에 투자자들에게 의심을 받기 쉽다. ICO의 성공은 사람들이 그것에 대한 필요성을 크게 느끼는(수요가 많은) '네트워크 효과'에 달려있기 때문에 더더욱 다단계, 피라미드 사기, 폰지 사기라는 오명을 받을 수밖에 없다.

게다가 ICO는 실패할 경우 모든 것이 물거품이 될 가능성이 있는 프로젝트이기 때문에, 자금 모집자가 불순한 마음을 먹는다면 언제든지 투자자들의 돈을 들고 도망쳐도 이상할 게 없는 사업이다. 그럼에도 ICO는 프리세일 이후 개발이 이루어져 대형 거래소에 상장이 된다면 단타보다 훨씬 큰 '대박'이 나는 경우가 많기 때문에 시세차익을 노리는 많은 투자자들이 유혹에 빠지게 된다.

ICO의 절차

ICO의 첫 시작은 기획자, 프로그래머 등이 모여 새로운 가상화폐에 대한 아이디어를 구상하고, 기술적인 측면을 고려하는 것에서부터 시작한다. 이들은 기존에 있는 시스템을 활용하거나, 아예 새로운 블록체인 기술을 개발함으로써 이전에는 없던 혁신적인 가상화폐의 창설을 목표로 한다. 이러한 개괄적인 계획(비전)이 완성되면 홍보 관련 인원이 추가되면서 트위터나, 레딧(reddit), 스팀잇(steemit), 페이스북, 텔레그램 등 SNS에 새로운 가상화폐의 등장에 관한 소식을 퍼뜨리기 시작한다. 이후 프로젝트의 운영진은 영리 기업과 비영리 재단을 설립한다. 영리 기업은 주로 비영리재단과 서비스 계약을 맺고 운영하여 수익화를 하는 역할을 하며, 비영리재단은 실제로 ICO를 관리하여 개발자 지갑의 개인키를 보관하고 제네시스 블록을 생성하는 주체가 된다. 이 둘은 운영진이 같은 사실상 동일 집단이며, 비영리재단은 영리 기업의 법률적 보호를 위해 존재하는 경우가 많다.

개발진은 코인에 대한 백서(White Paper)를 제작·배포하고 가상화폐 관련 유명인(전문투자자, 전문개발자, 관련 업계 교수 등)을 섭외한다. 그러고 나서 마케팅 팀은 이러한 정보를 바탕으로 백서를 번역, 홍보한다. 이 과정에서 각종 가상화폐 관련 커뮤니티(예를 들어, 깃헙(github))에 의한 스캠 사기 검증과 인증이 들어간다. 전문 조언인, 자문인 등으로 초빙된 이들은 투자자들에게 ICO에 대한 신뢰감을 높이고 각종 언론 대응 및 홍보를 하는 역할을 맡으며 이러한 절차가 진행된 후 본격적인 ICO가 진행된다.

ICO판매는 대체로 3단계로 나뉘는데 첫 번째는 일반인이 참여할 수 없는 얼리백커(Early Backer) 공개이다. 여기에는 일정 수준의 자본금 규모, 거래규모 등의 진입장벽을 넘어선 이들만 참여가 가능하다. 이 단계가 지나면 본격적인 자금 모집이 시작되며 일반인도 참여할 수 있는 선판매 즉, 프리세일(Pre-sale)로 넘어간다. 그리고 마지막으로는 공식 판매와도 같은 메인세일(Main-sale)단계가 된다.

ICO절차 도식화

위 그림은 ICO의 일반적인 진행단계에 따른 주요 확인사항이다. 투자자는 대부분 홍보 활동 이후의 단계에서 ICO에 대한 전반적인 정보를 확인할 수 있다. 이때, ICO 투자 성공률을 높이기 위해서 사업기획자와 개발자의 입장에서도 투자 체크포인트를 확인해보도록 하자.

① 아이디어 구상

기획자	주요 사업의 실현 가능성 확인
개발자	아이디어와 주요 사업의 기술실현 가능성 확인
투자자 확인사항	실제 사업이 실현 가능한지 확인, 투자 기간 검토, 포트폴리오 구상

사업기획자는 기존 사업을 블록체인화를 할 수 있는지, 이미 진행 중인 ICO 프로젝트가 있는지 시장조사를 해야 하며, 이때 반드시 블록체인의 특징(탈중앙화)이 사업에 기여할 수 있는지 검토해야 한다. 개발 시 주요 개발단계를 로드맵화 할 수 있어야 하며, 마케팅 활동에 대해서도 검토해야 한다. 한편, 개발자는 사업기획자의 주요 사업모델이 실현 가능한 지 검토한다.

반면, 투자자는 구상 단계에서 ICO의 진행여부나 존재 자체를 알 수 있는 방법이 없다. 홍보활동이 진행될 때에야 비로소 투자자는 체크리스트를 활용하여 ICO에 대해 조사할 수 있다. 투자자는 참여하려는 ICO가 실제로 실현 가능한 프로젝트인지 조사한다. 또한 ICO의 주요사업이 투자에 긴 기간을 필요로 하는지 확인한다. 예를 들어 로드맵이나 비전에 인공지능, 자가학습 등과 같은 새로운 분야는 산업적으로도 오랜 시간 개발이 요구되는 것이기 때문에 단기적으로 주요사업 목표를 달성하는 데까지 어려울 것이라고 예측할 수 있어야 한다. 투자자는 이러한 주요 사업의 특성을 고려하여 포트폴리오를 설정하도록 한다.

② 컨셉 및 생태계 기획

기획자	수익모델 구상 검토, 차별화 전략
개발자	기술적 실현가능성 여부 검토, 토큰·블록체인 여부 검토
투자자 확인사항	가치상승 요소 확인, 코인 확장성 검토

사업기획자는 사업 모델을 탈중앙화 하였을 때 수익을 낼 수 있는 구조에 대해 검토하고 로드맵의 진행에 따른 코인의 포지셔닝에 대해 검토한다. 토큰은 개발 초기에는 의료·금융·보안 등 분야별 대표 코인들과 비교될 수밖에 없기 때문에 로드맵 진행에 따른 차별화전략을 구상해야 한다. 개발자는 기술적 실현가능성 여부를 검토해야 하며, 블록체인 수준으로 개발을 진행할지 특정 코인들의 Dapp으로 활용할지 검토한다. 투자자는 주요 사업에서 코인을 어떻게 활용하여 확장할 수 있는지 확인한다. 넓은 확장성을 가지는 것이 무조건 가치 있다고 볼 수는 없다. 특정 분야에서 활용될 수밖에 없는 코인이 오히려 더 높은 가치를 가질 수도 있다.

③ 정책결정 및 기술개발

기획자	통화정책(토크노믹스(token+economics)) 의사결정
개발지	징색결정 빛 기술개발
투자자 확인사항	진입가에 대한 평가와 목표가 설정

사업기획자는 통화정책을 설정하고 이에 따른 의사결정을 한다. 통화 정책

에는 코인에 대한 여러 제약조건들을 정해야 한다. 이와 같은 설정을 꼼꼼하게 못할 경우 스캠코인으로 누명을 쓸 수 있다. 개발자는 결정된 통화정책을 바탕으로 정책을 기획자와 유기적으로 결정한다. 투자자는 코인소각 등 화폐정책에 따른 가치상승 요소를 확인한다. 여기서 가치평가 3방식을 활용해도 좋다. 호재로 여겨지는 대부분의 기술적 이슈는 백서에서 확인 가능하다.

④ 홍보활동, 프리세일, 공모

기획자	홍보채널 설정
개발자	–
투자자 확인사항	커뮤니티 탐사

사업기획자는 텔레그램, 트위터, 카카오톡, 가상화폐 커뮤니티 등 홍보채널을 선정해야 한다. 투자자는 각종 ICO 관련 커뮤니티 및 평가사이트를 조사하며 해당 종목에 대한 시장평판을 확인한다.

⑤ 프리세일

기획자	지속적인 홍보활동 및 커뮤니케이션
개발자	오류나 해킹 등 기술적 문제에 대한 지속적인 모니터링
투자자 확인사항	진입가에 대한 평가 및 실제 투자

⑥ 공모

기획자	지속적인 홍보활동 및 커뮤니케이션
개발자	오류나 해킹 등 기술적 문제에 대한 지속적인 모니터링
투자자 확인사항	공모 이후 거래소 상장 등의 이슈에 대한 모니터링

백서(White Paper)란?

　백서란 정부가 정치, 외교, 경제 따위의 각 분야에 대하여 현상을 분석하고 미래를 전망하여 그 내용을 국민에게 알리기 위하여 만든 보고서를 지칭하는 말이다. 최초로 영국 정부가 보고서에 흰색 표지를 사용했다는 데서 유래하여 백서(白書)라는 이름이 붙게 되었다. 가상화폐에서의 백서는 해당 코인에 대한 기본적인 메커니즘과 기술적 원리, 수익배분구조 등의 간단한 정보 이외에도 비전이나 전망, 개발진에 대한 소개 등 해당 화폐가 미래에 나아가고자 하는 방향이 집대성되어 있어 화폐에 대한 모든 것을 담고 있다고 해도 무방하다. 백서가 허위로 구성되어 있거나 다른 가상화폐의 백서를 짜깁기 하는 수준에 머물러 있거나, 미래에 대한 전망이 매우 근시안적일 경우 해당 가상화폐는 스캠 사기이거나 미래에 수익을 크게 가져다주지 못할 가능성이 높다고 판단할 수 있다. 다만 요즘에는 아주 교묘하게 백서를 꾸며내 투자자들을 유혹하는 신규 가상화폐 ICO들도 많아지고 있는 추세이기 때문에 백서에만 전적으로 의존하는 것은 위험하며, 현실성이나 신뢰성에 대해 투자자는 충분한 검증이 필요하다.

ICO 검증법-돌다리도 두들겨 보자

2017년 9월 1일 정부의 가상통화 관계기관 합동 태스크포스(TF)에서 ICO를 자본시장법 위반으로 처벌하겠다는 방침을 내놓았다. 이어 29일 김용범 금융위원회 부위원장은 "ICO를 앞세워 투자를 유도하는 유사수신 등 사기위험 증가, 투기 수요 증가로 인한 시장과열 및 소비자 피해 확대 등 부작용이 우려되는 상황"이라며 "기술, 용어 등에 관계없이 모든 형태의 ICO를 금지할 방침"이라고 하였다.

한국뿐만 아니라 중국에서도 ICO를 금융사기 및 다단계사기와 연관되는 불법 공모 행위로 규정하고 전면 금지하였다. 이처럼 중국이나 한국을 중심으로 ICO는 실행하기 매우 어려운 자금모집법이다. 다만, 블록체인과 가상화폐가 신흥 성장 시장일 뿐만 아니라 국민들의 관심이 늘어나고 있는 상황에서, ICO가 기업들의 새로운 자금모집 수단으로서 주목을 끌고 있는 만큼 여론의 변화와 시장에 대한 건전한 분위기 형성에 따라서 ICO에 대한 규제의 향방도 갈릴 것이다.

위와 같은 규제나 위험성을 가지고 있는 ICO에 투자하기 위해서는 각별한 주의가 필요하다. 이번 단원에서는 그동안 ICO에 임하면서 면밀하게 보았던 것들에 대한 항목들을 정리하였다.

① 결국 백서가 답이다

ICO에 진입하기 전 무엇보다도 중요하게 보아야 할 것은 당연히 백서이다. 앞에서도 언급하였듯 백서에는 현재까지의 부족함을 극복하고 새로운 분야를 개척하는 경위와 그 방법이 모두 담겨있어야 하지만 ICO의 투자를 위해서는 이에 대해 더욱 꼼꼼한 검증이 필요하다. 물론 아래의 항목들은 백서에 반드시 들어가야만 하는 요소는 아니다. 그러나 개발기획자 입장에서는 코인을 만들고 ICO를 개최하기 전 투자자들에게 신뢰도를 높일 수 있는 가장 큰 방법이 백서인 만큼 이 정도는 생각하고 추가해야 하는 부분이며, 투자자 입장에서는 리스크 높은 ICO에 자금을 투입하기 전에 정보를 얻을 수 있는 가장 큰 수단이 백서이므로 되도록 많은 항목을 확인하는 것이 좋다.

- 현재 분야가 가지고 있는 문제점

   모든 ICO의 시작은 현재 가지고 있는 상황의 부족함이나 문제점을 기반으로 한다. 현재 무언가 부족한 점이 있지 않다면 새로운 ICO가 등장할 이유가 없기 때문이다. ICO를 하고자 할 때 기획진이 제시하고자 하는 문제점의 대부분은 중앙화가 가지고 있는 비효율성과 신뢰의 문제, 투명하지 못한 거래 등에 집중된다. 거래의 독점권을 중앙의 한 곳 또는 소수의 집단만이 가지고 있을 때 나타날 수 있는 비리, 수수료의 발생, 해킹의 위험성 등이 바로 중앙화의 폐해이다. 이러한 문제점은 비단 금융 분야뿐만 아니라 의료, 물류 등 사회 전반적인 데에서 찾아볼 수 있다. 그렇기에 스캠이든 아니든 백서에는 중앙화에 대한 단점과 비판을 쉽게 찾아볼 수 있기 때문에 이러한 현재의 문제점을 지적하는 것은 ICO를 판별하는 데 큰 기준이 되지 못한다.

   그렇다면 백서에서 제안하는 백서의 첫 번째 제안인 현실에 대한 문제점을 대할 때 그것이 현실적으로 치명적인 단점을 갖고 있어 개선의 필요성이 있는지, 그 문제점이 정말 중앙화로부터 기인하고 있는 것인지 여부를 투자하기 전에 확인하여야 한다. 만일 백서에서 제시하고 있는 문제점이 현재의 기술만으로도 쉽게 대체가능할 만한 것이라면 해당 ICO는 단기적으로는 성공할지 몰라도 미래를 뒤바꾸는 혁신성은 떨어질 수밖에 없다.

- 블록체인으로 현재의 문제점을 해결하기

두 번째로 보아야 할 것은 과연 위에서 언급한 문제점들이 블록체인의 특성으로 해결이 가능한 문제인지 여부와 실현가능성 여부이다. 블록체인의 핵심은 탈중앙화이다. 백서에서는 단순히 권력이 중앙에 편재되어 있었을 때의 단점을 비판하는 데 그치는 것이 아니라 탈중앙화를 기반으로 하는 블록체인을 도입함으로써 얻을 수 있는 편익을 최대한 자세하게 기술해야만 한다. 대안 없는 비판은 투자자들에게 매력을 반감시키기 때문이다.

또한 백서에서 주의 깊게 관찰해야 하는 것은 코인이 제시하고 있는 대안의 구체성과 현실성이다. 중앙화의 문제점인 권력을 어떠한 방식으로 해결할 것이며 그것이 얼마나 현실적으로 실현 가능한지 여부를 따져봐야 한다. 백서에서는 이 부분이 핵심주장이 된다. 밝은 미래를 주장하지만 그 근거가 미약하거나 법률적인 문제나 업계의 관례상 이루어지기 어려운 대안이 담겨있는 ICO에는 참여에 주의하여야 한다.

- 코인의 컨셉과 생태계

코인의 컨셉이란 블록체인으로 해결하려는 문제점을 구체적으로 실현하는 방안에 대한 문제로 기획 설계에 해당하는 부분이다. ICO를 준비하는 기획 개발자는 어떠한 방식으로 코인이 생성되고 블록이 형성되어 저장되며 유통될지에 대한 스케치를 그려야만 한다. 제대로 된 설계도가 나오지 않은 상태에서 건축물을 지으면 구조상 문제가 생겨 부실시공이 되거나 건축 자체가 불가능하듯 이 단계에서 현실적인 그림이 그려지지 않는다면 ICO는 물론이고 코인 자체의 개발이 불가능하게 된다.

코인의 생태계란 코인이 플랫폼 안에서 얼마나 잘 흐르고 있는지에 대한 것이다. 코인은 소유자들이 모두가 보유하려고만 하고 팔고 싶어 하지 않는다면 코인 유통의 중심이 되는 기업은 현물차익을 통한 이익을 취할 수 없게 된다. 반대로 소유자들이 코인을 지급 받자마자 팔고 싶어 한다면 코인의 가격이 상승하는 데 어려움을 겪게 될 것이다. 즉, 생태계가 제대로 고안되지 않아 허점이 생겨 올바르게 유통되지 않을 만한 코인은 장기적으로 존재하기 어렵다.

그렇기 때문에 제대로 된 ICO에 투자함에 있어 코인의 생태계는 얼마나 이 코인이 오랫동안 지속할 수 있을지 판가름할 수 있는 중요한 요소이다. ICO에 참여하고 거래소에 상장은 했으나 1개월, 3개월도 안 되서 사라지는 코인이 되어버리는 참사를 미연에 방지하기 위해서는 이 부분을 꼼꼼하게 살펴보아야 한다. 반대로 ICO 기획개발자들의 경우 이 부분을 정교하게 고민하여 구상하지 않고 코인을 발행한다면 아무리 좋은 아이디어를 낸다 할지라도 주춧돌 없이 집을 짓는 모양새로 무너질 수밖에 없는 구조가 되기 때문에 주의해야 한다.

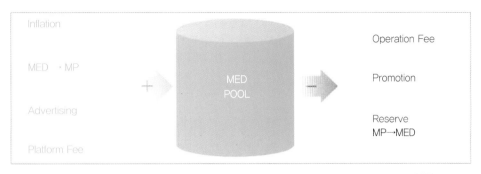

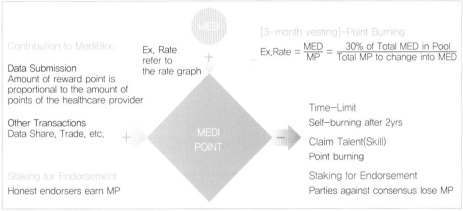

백서에 나타난 코인 생태계(출처 : 메디블록 백서)

- 발행량

중앙은행인 한국은행이 시장 통화의 가치와 물가를 조절하기 위해 사용하는 방법이 바로 금리와 화폐 발행량 조절이다. 금리를 높이면 시장에서는 화폐를 유통하는 것보다 은행에 보관하는 것이 유리해지기 때문에 시장의 통화량이 감소하게 되며, 반대로 금리가 낮아지면 은행에 예금하는 것보다 인출하여 다른 곳에 유통하는 것이 유리하기 때문에 시장 통화량이 증가하게 된다. 중앙 화폐 발행의 경우 화폐유통량이 너무 부족하거나 과잉공급 상태로 인해 경제적 문제가 발생하였을 때 통화를 추가 발행하거나 매입하여 물가를 조절하는 조치를 취한다.

그러나 가상화폐의 경우 중앙화된 권력기관에 의해 화폐량이 조절되는 것이 아니기 때문에 최초 발행 이후 중간에 발행 기업이 개입하는 것은 매우 어렵다. 그렇기 때문에 최초 ICO를 기획하고 코인을 개발하는 단계에서 화폐 총량을 적정량으로 정하는 것이 매우 중요하게 작용한다. 물론 이 영역은 화폐경제학의 부분으로 쉽게 정할 수 있는 부분이 아닐 뿐더러, 가상화폐는 신규 시장인 탓에 표본이 많지 않아 몇 개의 발행량

ⓩ Zcash	$1,310,392,507	$383.14	$63,909,000	3,420,131 ZEC
⊇ Dash	$4,581,597,523	$577.78	$115,505,000	7,929,712 DASH
ⓑ Bitcoin	$185,541,037,195	$10,976.60	$6,516,360,000	16,903,325 BTC
⒪ Bitcoin Cash	$20,612,849,650	$1,212.32	$371,398,000	17,002,813 BCH

◎ Dogecoin	$538,887,336	$0.004749	$13,572,800	113,474,810,483 DOGE
▼ TRON	$2,946,229,103	$0.044811	$260,313,000	65,748,192,476 TRX *
⊀ Ripple	$36,901,517,096	$0.943967	$1,157,360,000	39,091,956,706 XRP *
◌ Siacoin	$619,135,489	$0.018808	$6,320,470	32,919,430,920 SC

(위) 코인마켓캡에 발행량이 적은 코인들. (아래) 발행량이 많은 코인들

이 적절한 것인지에 대한 절대적 기준은 존재하지 않는다. 그러나 발행량이 지나치게 많을 경우 희소성이 낮아지기 때문에 투자자들에게 보유하고 싶은 욕구를 반감시켜 가격 상승에 저해 요소가 되며, 반대로 발행량이 지나치게 적을 경우 투자자들이 단기 차익을 노리고 보유하려고만 하여 화폐 유통 흐름이 끊겨 생태계의 위협을 받을 수 있다.

- 소각

소각(燒却)은 사전적 의미로 무언가를 불에 태워 없애버린다는 뜻이다. 가상화폐에 있어 소각이란 코인이 발행된 이후 총량을 조절하는 대표적인 방법이다. 소각을 하게 되면 코인의 전체량이 줄어들게 되어 희소성이 높아지는 효과가 나타나기 때문에 기존의 화폐 보유자에게는 호재로 작용한다. 그러나 화폐 발행총량을 함부로 정하면 코인의 생태계가 위협받거나 가격 상승의 저해 요인이 되듯 소각 또한 치밀한 계획과 철저한 구상 하에 결정해야 하는 부분이다. 투자자 입장에서는 백서에 나타난 소각이 어떠한 조건, 주기에 따라 얼마만큼의 양이 계획적으로 이루어지는지, 얼마나 그것이 합리적인 방향인지 고려해야 한다.

- 수익 분배

수익 분배(reward)란 기획하고자 하는 사업에서 투자자들에게 자금이나 유형 또는 무형의 무언가를 받고 나서 돌려주는 대가의 양을 말한다. 대부분의 경우 투자자들에게 지급되는 코인의 양으로 나타난다. 이것은 ICO를 통해 무언가 프로젝트를 진행하고자 할 때 '무엇을 얼마에 팔아서 사업을 할 것인가'에 대한 문제로 직결되기 때문에 초기 단계에서 많은 고민이 들어가야 한다. 만일 reward가 기대 이하의 수준이라면 투자자들은 투자의 매력을 느끼지 못할 것이고 ICO 펀딩은 실패할 수밖에 없다. 반대로 지나친 코인 분배를 하게 되면 초반에 인기를 끄는 데는 성공할 수 있지만 나중에 코인을 유통하고 운영하는 데 있어 여러 문제가 발생하게 된다.

투자자는 백서에 나타난 수익 분배 부분을 냉정하게 살펴보고 해당 코인의 성장성과 보유 기간 등을 고려하여 얼마만큼의 이득을 자신에게 줄 수 있는지 합리적으로 고려해 보아야 한다.

● 분배비율

코인의 분배(allocation)는 전체 발행량 중 화폐가 어느 집단에게 얼마만큼 배분되는가에 대한 문제이다. 위에 말했던 것처럼 화폐총량의 조절과 가격의 변화량과 직결되는 문제로 기획자는 철저하게 생각해야 하고 투자자는 반드시 짚고 넘어가야 할 부분이다. ICO를 하고자 하는 기업은 화폐가격의 조절과 생태계 유지를 위해서 개발 초기 단계부터 일정 부분 코인을 보유하게 된다. 주식시장에서 기업의 대주주나 임원이 주식을 매도하였을 경우 투자자들에게 불안감을 주어 악재로 작용하듯, 가상화폐에서도 마찬가지로 ICO를 개발기획한 회사는 보유한 코인을 쉽게 매도할 수 없다. 어떤 투자자가 개발자조차 버린 코인을 구매하고 싶어 하겠는가?

Over the past year, I try to stay away from price related tweets, but it's hard because price is such an important aspect of Litecoin growth. And whenever I tweet about Litecoin price or even just good or bads news, I get accused of doing it for personal benefit. Some people even think I short LTC! So in a sense, it is conflict of interest for me to hold LTC and tweet about it because I have so much influence. I have always refrained from buying/selling LTC before or after my major tweets, but this is something only I know. And there will always be a doubt on whether any of my actions were to further my own personal wealth above the success of Litecoin and crypto-currency in general.

For this reason, in the past days, I have sold and donated all my LTC. Litecoin has been very good for me financially, so I am well off enough that I no longer need to tie my financial success to Litecoin's success. For the first time in 6+ years, I no longer own a single LTC that's not stored in a physical Litecoin. (I do have a few of those as collectibles.) This is definitely a weird feeling, but also somehow refreshing. Don't worry. I'm not quitting Litecoin. I will still spend all my time working on Litecoin. When Litecoin succeeds, I will still be rewarded in lots of different ways, just not directly via ownership of coins. I now believe this is the best way for me to continue to oversee Litecoin's growth.

Please don't ask me how many coins I sold or at what price. I can tell you that the amount of coins was a small percentage of GDAX's daily volume and it did not crash the market.

UPDATE: I wrote the above before the recent Bcash on GDAX/Coinbase fiasco. As you can see, some people even think I'm pumping Bcash for my personal benefit. It seems like I just can't win.

라이트코인 창시자가 라이트코인을 매도했다는 발표

매도뉴스 발표 이후 라이트코인 차트

그러나 무작정 개발기획사가 코인을 보유하고만 있으면서 거래를 전혀 하지 않는다면 요동치는 가상화폐 시장에서 시세조정을 방관하는 것으로 비추어질 수 있을 뿐더러 시세차익을 전혀 얻을 수 없다. 그렇기 때문에 시장상황에 따라서 ICO개발사는 코인의 가격이 지나치게 낮을 경우 추가매집을 하여 시장에 풀린 물량을 회수하여 가치 상승을 유도할 수 있다.

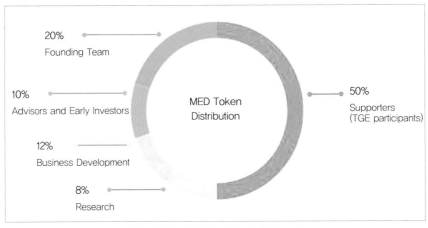

백서에 나타난 코인 배분(출처 : 메디블록 백서)

● 추가배분

코인의 추가배분량은 ICO를 홍보함에 있어 투자자의 이목을 끄는 데 중요한 요소로 작용한다. 프라이빗 세일이나 프리세일에 참여하는 투자자의 대부분은 사전 모집을 통해 받는 추가분을 통해 평균단가를 낮추고 상장가가 이것보다 높을 것을 기대하고 진입하기 때문에 얼마나 많은 양을 주는지에 관심이 집중될 수밖에 없다. 그러나 지나치게 많은 양을 프리세일 단계에서 추가지급하게 되면 총량이 한정된 가운데 적은 숫자의 투자자밖에 프리세일의 기회를 획득하지 못하게 될 뿐만 아니라, '왜 이렇게 지나치게 많은 양을 공짜로 더 지급하는 것일까?' 하는 의심을 받게 되어 스캠의혹이 불거질 수도 있다. 그러나 반대로 지나치게 적은 양을 추가지급하게 되면 코인의 프리미엄 가치를 유지할 수 있는 장점은 있으나 '저 추가분을 받으려고 ICO라는 위험을 무릅써야 하나?'라는 인식이 투자자들 사이에서 나타날 수 있기 때문에 프리세일의 흥행이 실패로 끝날 수도 있다.

• 공모가의 선정과 최소진입가

공모가는 투자자들이 해당 코인에 대해 처음 접하는 가격이다. 이 가격을 기준으로 투자자들은 기술력과 정보 등에 근거하여 저렴하다, 비싸다는 인식을 갖기 시작한다. 그렇기 때문에 투자자들에게 심리적으로 받아들여지는 적정 가격으로 선정하는 것이 매우 중요하다. 그러나 이 부분은 절대적인 기준이 존재하는 것이 아니라 물건의 가격을 선정하는 것처럼 같은 카테고리 내에서 코인들의 ICO가격을 참고하거나 최근 트렌드의 ICO들의 공모가 등을 고려하여 선택하는 것이 바람직하다.

한편, 최소진입가 또한 ICO의 흥행을 위해서 중요하게 고려해야 할 만한 요소이다. 최소진입가는 브랜드 가치와 유사하다. 샤넬이나 에르메스가 최소 어느 정도 이싱의 가격을 하는 것과 같이 가상화폐 ICO에서 최소진입가가 1,000만 원, 또는 5,000만 원 이상을 한다는 것은 상당히 높은 브랜드 가치를 내세우고 있음으로 이해할 수 있다. 진입장벽을 높이면 일반 개미투자자들은 쉽게 투자할 수 없게 되고 기관이나 ICO진입

단체, 고래 등을 중심으로 보유자의 숫자가 줄어들게 되면서 상장 이후에 가격 상승을 조금 더 기대해 보아도 좋다고 할 수 있다. 다만, 지나치게 높은 진입장벽은 오히려 투자자들의 반발을 사서 외면될 수 있다는 위험성이 존재한다.

② 개발진

가치투자에서 코인의 종목을 선정하는 데 개발진이 중요한 요소로 작용한 것과 마찬가지로 ICO에 있어서도 프로젝트 운영진, 백서 제작기획 운영진 등의 면면을 잘 살펴보아야 한다. 각 분야의 전문가 즉, 프로젝트의 경우 CEO, CFO, CMO의 이력을 꼼꼼하게 검증해야 하며, 백서의 경우 블록체인의 정책을 기획하는 블록체인 디자이너(designer), 가상화폐의 컨셉과 생태계를 그려주는 컨셉터(concepter), 백서의 전체적 틀과 마인드맵을 총괄하는 플로우차터(flow charter)의 전문성을 사전에 파악해야만 한다. 이들의 능력과 실행력에 의해 ICO의 성패가 달려있기 때문이다.

특히 주의해야 할 것은 운영진이나 개발진이 탈중앙화된 가상자율조직(Decentralized Autonomous Organization)을 구축하여 ICO를 할 때이다. 현대에 들어 새롭게 등장한 이 조직은 실체가 없는 온라인 속에서 프로그램화된 조직에 불과하기 때문에 법인격도 아직 인정받지 못하였다. 그래서 법인이라 할지라도 법적인 책임이 전혀 없어 스캠이 될 경우 어떠한 처벌도 받게 할 수 없다. 그렇기 때문에 웹사이트상 ICO주최사의 실제 주소나 전화번호 등이 실제로 존재하는 것인지, 명확한 것인지 반드시 파악해야 하며 필요하다면 해당 주소로 직접 전화하고 방문하여 확인도 해야만 한다.

③ 개발 국가

ICO를 기획하는 입장에서도, 투자자의 입장에서도 ICO를 주최하는 국가의 영역은 반드시 고려해야만 하는 요소이다. 국가마다 법적 문제, 세금문제, 국민 여론과 산업 내 경쟁 등이 상이하기 때문에 해당 국가의 ICO에 참여하기 이전에 프로젝트 기획사는 이러한 사항을 염두에 둘 수밖에 없다. 기본적으로 ICO에 대한 좋지 않은 인식이 있으면서 법적으로 자금 모집이 금지된 한국과 중국은 ICO 자체가 불가능한 상황이기 때문에 차후에 규제가 풀릴 것을 감안하더라도 공모를 하는 데에 있어서 두 국가는 피해야만 한다. 그러한 이유 때문에 국내의 대부분의 기업들은 싱가포르나 홍콩, 스위스, 미국 등을 기반으로 ICO를 진행하고 있는 것이다. 투자자들은 각 국가들의 ICO 관련 지원 사항이나 해당 국가 내 산업 규제 등을 고려하여 ICO에 참여해야만 한다.

한빛소프트, 암호화폐 '브릴라이트 코인' 홍콩 ICO
4월초 퍼블릭 세일즈 돌입…게임 이용자 위한 암호화폐

한빛소프트 ICO 뉴스

④ 진행 사업

우리가 물건을 살 때 품질을 보고, 음식을 먹을 때 맛을 보듯 ICO에 참여하기에 있어 제일 눈여겨보아아 할 것은 모금된 자금을 통해 어떤 사업을 하고자 하는가이다. 아무리 좋은 인력을 모아놓고 마케팅을 잘 한다하더라도 좋은 사업을 구상하지 못하면 결국 투자자들의 무관심 속에서 조용히 사라질 수밖에 없다. 그렇기 때문에 프로젝트 기획자들은 기존 산업의 경쟁뿐만 아니라 동일군 내 경쟁 즉, 비슷한 가상화폐 ICO들과의 차별점을 끊임없이 고민해야 한다. 가상화폐나 ICO가 이상적인 사업을 진행하고자 하나 국가 내 법률문제, 산업 내 기존 진입자들의 거센 저항과 반발로 인해 사업 진행에 오랜 시간이 걸리거나 어려움이 예상될 경우 투자자는 진입을 유보하거나 단기적인 시세차익만을 목표로 투자하는 것이 바람직하다.

ICO는 현재 한국 내에서 예금자보호법상 보호대상이 아니며 불법 유사수신으로 취급되고 있어 진행하고 있는 사업이 망하거나, 모금 이후 스캠이 되더라도 전혀 법률적 구조를 받을 수 없다. 2017년부터 가상화폐와 관련된 유사수신 사기가 100건이 넘게 발생하였으며 피해액만 수천억 원에 달한다. 이러한 상황에서 투자자는 자신을 보호하기 위해 사업성과 현실성을 면밀히 확인하여야만 한다.

⑤ 보안성

블록체인 탈중앙화를 기반으로 만들어진 가상화폐는 해킹에 매우 안전하나, 최근 기업들이 기존의 사업을 확장하는 측면으로서 일부 중앙화된 가상화폐를 만들어 ICO를 진행하는 트렌드를 고려할 때 앞으로의 개발사는 보안에 더욱 신경 써야만 할 것이다. 중앙화된 가상화폐는 거래의 처리 속도가 빠르다는 장점이 있지만, 해킹의 위험성에 노출된다는 단점이 있기 때문이다. 그래서 개발기획자들은 블록체인을 구성할 때 탈중앙화된 모델에 충실하여 해킹의 위협을 원천적으로 차단하거나, 중앙화된 모델을 택하나 해킹을 막는 다른 방법을 강구하는 방식으로 보안성을 높여야만 하고 투자자는 기획사가 정보통신망법 또는 전자금융거래법상의 보안조치 기준에 얼마나 부합하는 정도로 보안에 신경 쓰고 있는지 판단하여야만 한다.

⑥ 커뮤니케이션

ICO를 진행하고 기획함에 있어 투자자들과 교류하며 정보를 제공하는 것은 사업의 운영자로서 필수적인 업무 중 하나이며 그것을 요구하는 것은 당연한 투자자의 권리이다. 홍보팀은 각종 커뮤니티뿐만 아니라 잦은 밋업(meet up, 개발자와 투자자와의 질의응답을 위한 만남)을 개최하여 AMAs(Ask me anything) 시간을 마련하는 등의 노력을 기울여야 한다. 최근에는 단순 묻지 마 투자보다는 꼼꼼하게 알아보고 블록체인에 대한 지식과 이해수준이 높은 투자자가 많이 늘어나고 있는 추세로, 개발홍보팀은 최대한 많은 예상 Q&A에 대비하여야 한다.

2018년 ICO 트렌드 예측

2017년은 가히 ICO 붐이라고 해도 이상하지 않을 만큼 많은 ICO가 생겼다. 이는 가상화폐에 대한 전 세계적 관심과 함께 폭발적인 수요를 일으켜 더욱 큰 파장을 일으켰다. 물론 많은 ICO 종목들이 조용히 사라지고 몇몇은 스캠으로까지 판명되었지만 2017년에 모집한 ICO들은 거의 손만 대면 성공하는 분위기였다. 어떠한 백서를 가지고 어떤 프로섹트를 하는가는 중요치 않았고 새로움이라는 그럴 듯한 말로만 포장을 하더라도 몇 시간 만에 모금액이 다 모이고 거래소에도 계속해서 상장되는 일들의 연속이었다.

그러나 2018년 초부터 한국과 중국 정부를 비롯하여 각국에서 가상화폐에 대한 규제를 시작하고 ICO를 금지시키자 투자자들은 점점 ICO에 대한 뜨거운 감정을 내려놓고 서서히 이성적인 접근을 하기 시작하였다. 백서를 좀 더 꼼꼼하게 살펴보고 운영진의 이력을 비판적인 사고로 찾아보기 시작하면서 ICO에 대한 제대로 된 평가가 이루어지게 된 것이다. 이러한 트렌드는 2018년에 건전한 ICO투자 문화의 생성으로 이어질 가능성이 높다. 가상화폐 투자와 ICO투자가 성숙해 감에 따라 백서의 형식이나 내용 등은 일정한 기준을 찾아가고 그 과정에서 의미 없는 정보를 담은 ICO들은 인기 없이 사라질 것이다.

한편, 국내 기업들뿐만 아니라 많은 기업들이 ICO의 장점에 대해 인지하고 홍보효과와 프로젝트의 진행을 위한 자금모집으로 ICO를 이용하는 분위기가 점점 나타날 것으로 예상된다. 이는 기업들이 점점 블록체인의 혁신성과 효율성에 대해 인정하고 있는 것에서 비롯된다. 그리하여 기존의 사업을 블록체인과 결합하여 진행하는 프로젝트가 앞으로 증가할 것이며, 새로운 사업 또한 블록체인과 가상화폐를 결부하여 활용할 가능성이 높다. 이에 따라 카카오나 코닥 등의 사례에서도 볼 수 있듯 기존의 사업을 그대로 활용하거나 변형하여 코인을 발행하고 ICO를 진행하는 경우가 앞으로 많아질 것으로 예상할 수 있다. 특히, 블록체인이나 가상화폐의 활용성 측면이 높은 헬스 케어, 전자상거래 등의 분야에서 이를 선도할 것이다.

다만, 현재는 대한민국 내에서는 정부가 ICO를 유사수신으로 보아 금지하고 있어 국내 기업들은 해외에 법인을 차려 그 곳에서 ICO를 진행하고 있는 상태이다. 그러나 싱가폴, 스위스 등 적극 ICO를 국가적 차원에서 지원해 주고 있어 해외로 자본이 유출되고 있는 현상을 고려할 때, 기업들에서 지속

적으로 ICO에 대한 관심을 보이고 긍정적인 여론이 형성됨과 동시에 정부가
ICO에 대한 적절한 규제안을 마련하게 된다면 점차 토종 ICO를 국내에서도
근시일 내에 볼 수 있을 것으로 예상한다.

가장 매력 없는 코인이
가장 매력 있는 종목이다

사람들이 가상화폐에 투자하면서 주목하는 것은 거래량이 높고, 오늘 상승률이 매우 높은 코인이다. 사람들은 그 코인을 보면서 "아! 나 말고도 사람들이 많이 관심을 갖고 있고, 오늘(이전에) 많이 올랐기 때문에 '더 오를 것이구나!' 내가 공부가 부족해서 이 코인이 가격이 오르는 이유를 모르는 것뿐이구나!" 하고 지레 짐작해버린다. 그러고 나서 과감하게 투자를 하지만 이게 웬일! 사는 순간부터 가격은 곤두박질치기 시작한다. '이럴 리 없어, 잠깐 개미털기일 거야, 단순 조정일 뿐이야!'라고 위안을 삼아보지만 가격은 계속 내려간다. '나는 이 코인에 대해서 공부할 거고 잠깐 동안의 수익을 위해서 진입한 것이 아니야! 나는 장투족이니까!' 하지만, 수익률은 −50%, −60%가 되어

간다. 이 돈으로 할 수 있는 기회비용을 생각하니 가슴이 너무나도 아프다. 결국 아픈 마음을 부여잡고 손절을 하나, 아뿔싸! 그 순간부터 가격이 오르고 있다. '떨어지겠지. 아직 하락세는 멈추지 않았어' 내심 위로를 하고 있지만, 그러나 점점 오르는 가격에 투자자는 좌절하고 만다.

주식에서는 일반적으로 세력들이 작전주의 가격을 떨어뜨리고 올리는 데까지 최소 3개월에서 6개월 이상을 매집하고 펌핑하는 계획을 세운다고 한다. 이들은 은밀하게 조금씩 주가를 받치거나 밑으로 조금씩 낮추면서 계획된 가격에 천천히 매입을 해나간다. 만일 거래량이 급작스럽게 많아져 다른 개미들이 알아챘다면 세력은 저가에 매집을 할 수 없기 때문에 매우 천천히 들키지 않게 한다. 그리고 원하는 물량이 준비가 되었을 때 세력은 호재 뉴스를 내보내며 일제히 가격을 상승시킨다. 이 때 개미들은 갑자기 오른 상승세와 거래량을 보고 추격매수를 하기 시작한다. 가격은 천정부지로 솟게 되고 세력은 몇 번의 조정을 거쳐 목표 가격에 도달하였을 때 개미들이 알아채지 못하게 물량을 떠넘긴 후 유유히 시장에서 빠져나간다. 이처럼 현재 거래량이 높고 가격 상승률이 높아 사람들의 주목을 많이 받고 있는 코인을 매매하는 것은 불구덩이에 뛰어드는 것과 같다. 우리가 주목해야 할 것은 현재에는 가격도 낮고, 거래량도 높지 않지만 내부가치나 비전이 매우 좋은 종목이며 이렇게 하는 것이 가치투자의 첫 기본기라고 할 수 있다. 기억하자, 태양이 떠오르기 직전이 가장 어두운 법이다. 그 새벽을 먼저 발견해야만 가치투자의 고수가 될 수 있다.

06

가상화폐 가치투자 종목 선정 4P 기법

종목 선정의 기준–왜 내가 산 것만 안 오르는 걸까?

가상화폐 투자자 중 많은 사람들이 남들이 좋다고 얘기하는 코인, 저렴한 코인, 이미 오른 코인에 투자하고 나서 "왜 내가 산 코인이 더 안 오르는 거야?"라고 푸념하며 다른 코인이 올라가는 것을 보고 후회를 한다. 제대로 된 분석에 의하지 않고 단순 투자를 하는 것은 마카오에 가서 카지노를 하는 것과 다를 바가 없다. 이 시장은 정보와 철저한 분석에 의해 움직여야만 적어도 지지 않는 가치투자가 가능하다.

그렇다면 무엇을 기준으로 우리는 매수를 해야 하는 것인가? 필자는 이를 마케팅 4P(Product, Price, Promotion, Place로 효과적인 마케팅을 구성하는 네 가지 요소)에 대응하여 가상화폐 종목 선정의 4P라는 새로운 기준을 제시하고 자 한다. 내가 제시하는 'Value Cho의 가상화폐 가치투자 4P'는 다음과 같다. Price(저평가), Position(차별화), Place(상장 거래소), Promotion & Proposal(홍보와 비전)

Price(저평가)

가상화폐 투자에 있어 매수하기 가장 좋은 것은 바로 '저평가'된 종목을 찾 아내서 투자하는 것이다. 해당 가상화폐가 가지고 있는 기반 기술력이나 기 존부터 가지고 있던 상대적 시가총액, 명확한 호재에 비해 가격이 낮을 경우 세력이 가격을 오르지 못하게 위에서 누르면서 매집을 하고 있다고 생각할 수 있기에 장기적으로 투자하기 안성맞춤이다. 이것을 파악하기 위해서는 먼 저, 기존에 화폐들이 가지고 있는 기술력을 파악하고, 이 화폐가 가지고 있 는 기본적인 시가총액이나 거래량 등을 지속적으로 모니터링 해야 하며, 각 가상화폐들을 특성, 종류에 따라 분류하여 묶음으로 관리하는 습관이 중요 하다. 예를 들어 기본적인 기반이 비슷한 다크코인들의 상승세와 호재를 정 리한 후 동일 카테고리 안에서 상대적으로 지나치게 가격이 상승하지 못하고 있는 종목에 미리 투자를 하는 것이다.

① 가상화폐와 부동산 가격평가 3방식의 응용

가상화폐는 실물 자산과 연동이 되어 있지 않아 절대적인 가격 산정의 기 준이 없을뿐더러 새롭게 생긴 시장이기 때문에 가격을 산정하는 데 참고할 만한 표본이 부족이 부족한 것이 사실이다. 그래서 나는 가상화폐의 적정한 가치를 평가하기 위해 다른 분야에서 가치를 산정하는 방법을 응용하여 연구해 왔다. 그러던 중 부동산의 가격을 감정평가 하는 방법에서 착안하여 이것이 가상화폐에 일부 적용이 가능하지는 않을까 생각하였다.

물론 부동산과 가상화폐는 완벽하게 동일한 분야가 아닐뿐더러 부동산 가격평가 3방식 자체도 학자들 사이에서 논란이 있기 때문에 가상화폐 시장에 이러한 가치평가 방법을 그대로 적용하기에는 무리가 있을 수밖에 없다.

그러나 등락폭이 심하고 개인에 따라 가치가 제각각인 가상화폐 시장에서 어느 정도 객관적인 기준과 지표를 통해 가치를 평가하여 투자자들의 가상화폐의 가격(price)에 대한 안목을 기르는 데 도움이 될 것이라고 생각한다.

나는 여러 번의 시뮬레이션을 통해 가치평가 3방식이 수치는 임의적이고 자의적일 수 있어 정확한 결과를 도출할 수는 없지만 가상화폐의 가치를 평가할 때 어느 정도의 경향성을 파악할 수 있다는 결론을 얻었고, 이를 이용한 실제 투자 역시 가능하였다. 현재로서는 참고 수준의 도입과 적용 가능성의 타진 단계에 있기는 하지만 앞으로 가상화폐 가치투자에서도 실제 공식처럼 활용하기 위해서는 더 많은 실증 데이터의 확보와 체계적인 이론화가 필요할 것이다.

어쨌든 가장 중요한 것은 가치 평가에 있어 단순히 기대감이 아니라 여러 가지 기준을 고려해야 한다는 점에서 앞으로 다룰 3방식이 의의가 있다는 것이다.

부동산의 가격을 감정평가 하는 방법은 크게 3가지로 나눌 수 있다.

〈부동산의 가격평가 3방식〉

- 비교방식(Sales Approach Method)에 의한 거래사례비교법

  거래사례비교법은 시장성 및 대체의 원칙에 의거하여 대상물건과 동일
  성 또는 유사성이 인정되는 물건의 거래사례와 비교하여 대상물건의 현
  황에 맞게 사정보정 및 시점수정을 가하여 가액을 산정하는 방법이다.

- 원가방식(Cost Approach Method)에 의한 원가법

  원가법은 비용성 및 대체의 원칙에 의거하여 기준시점에서 대상물건의
  재조달원가에 감가수정을 하여 대상물건이 가지는 현재의 가액을 산정
  하는 방법이다.

- 수익방식(Income Approach Method)에 의한 수익환원법

  수익환원법은 대상물건이 장래 산출할 것으로 기대되는 순수익 또는 미
  래의 현금흐름을 적정한 비율로 환원 또는 할인하여 감정평가액을 산정
  하는 방법이다.

3면성	가치 접근 방향	3방식
시장성	대상부동산은 시장에서 어느 정도의 가격수준으로 거래되고 있는 물건인가	비교방식
비용성	대상부동산은 어느 정도의 비용이 투입되어 만들어지는 물건인가	원가방식
수익성	대상부동산은 어느 정도의 수익을 낼 수 있는 물건인가	수익방식

〈부동산 감정평가 3방식의 세부적 내용〉

● 비교방식을 통한 가치평가

대상부동산의 가치 = 거래사례의 가격×사정보정치×시점수정치×지역요인비교치 ×개별요인비교치

① 거래사례의 선정: 대상부동산과 위치적, 물적 유사성이 있고 비교 가능성이 있는 거래사례

② 사정보정: 급매 등으로 인한 사정개입의 경우 이를 정상화하는 과정

③ 시점수정치: 거래시점과 평가시점이 불일치할 경우 이를 정상화하는 과정(지가변동률)

④ 지역요인비교치: 거래사례와 대상부동산이 속한 지역적 격차를 정상화하는 과정

⑤ 개별요인비교치: 거래사례와 대상부동산의 개별적인 요인(도로의 폭, 접근성, 면적 등)을 비교하는 과정

● 원가방식을 통한 가치평가

대상부동산의 가치 = 재조달원가 - 감가수정액

① 재조달원가: 대상부동산을 새로이 건축 또는 조성하는 경우 그에 필요한 적정원가의 총액

② 감가수정액: 대상부동산이 물리적, 기능적, 경제적으로 가치를 상실하는 경우 그 가치감소분

● 수익방식을 통한 가치평가

대상부동산의 가치 = 대상부동산으로 인한 순수익 / 환원이율

① 순수익: 대상부동산이 일정기간 발생하는 수익에서 그에 따른 소요비

용을 공제한 금액

② 환원이율: 대상부동산이 장래 기대되는 표준적인 순수익과 부동산 가
격의 비율

〈부동산 감정평가 3방식 적용 예시〉

- 비교방식을 통한 가치평가

  1. 평가대상토지: 대치동 소재 상업용 토지, 420㎡

  2. 평가시점: 2018년 4월 1일

  3. 거래사례 목록

     (1) 거래사례1: 대치동 소재 상업용 토지, 500㎡, 120,000,000원,
        2017년 4월 1일 거래

     (2) 거래사례2: 일원동 소재 상업용 토지, 2,500㎡, 2,000,000,000원,
        2010년 4월 1일 거래, 시세보다 5% 저가로 거래된 것으로 조사됨

  4. 비교방식의 적용

     ① 거래사례의 선정: 거래사례2는 평가대상토지와 면적의 규모가 상이
        하고, 거래시점 또한 최근이 아니며, 시세보다 저가로 거래되어 거래
        사례로서의 적정성이 떨어지는 것으로 판단, 평가대상토지와 위치
        적, 물적 유사성이 있고 비교가능성이 있는 〈거래사례1〉을 선정함

     ② 사정보정: 정상적인 거래로 판단되는바 〈1.000〉으로 변동없이 결성

     ③ 시점수정치: 거래시점(2017년 4월 1일)부터 평가시점(2018년 4월 1일)
        까지의 상업지역 지가변동률 〈5%〉(예시) 적용함

     ④ 지역요인비교치: 거래사례와 평가대상토지는 인근지역에 위치하

는바 지역요인은 〈1.000〉으로 결정

⑤ 개별요인비교치: 평가대상토지는 거래사례에 비하여 도로의 폭이 넓은 곳에 소재하고 있으며, 토지의 형상이 다소 우세한 편이고, 인근에 근린생활시설, 아파트 단지 등 상업용지로서 우수한 환경조건을 가지고 있는바 거래사례에 비하여 25% 가량 우세한 것 〈1.25〉로 판단됨

⑥ 비교방식에 의한 가격

$$120,000,000원 \times 1.000 \times 1.05000 \times 1.000 \times 1.25 \times 420/500 = 132,300,000원$$

　　사례가격　　　사정　　　시점　　　지역　　개별　　　면적　　　대상토지가격
　　　　　　　　　보정　　　수정　　　요인　　요인　　　비교

- 원가방식을 통한 가치평가

1. 평가대상건물: 철근콘크리트조, 1,000㎡, 5층 건물

2. 평가시점: 2018년 4월 1일

3. 사용승인일: 2008년 4월 1일

4. 전내용연수: 50년(철근콘크리트조), 40년(벽돌조)

5. 건축비 자료: 500,000원/㎡(철근콘크리트조), 400,000원/㎡(벽돌조)

① 재조달원가: $500,000원 \times 1,000㎡ = 500,000,000원$

　　　　　　　철근콘크리트조　면적　　　재조달원가

② 감가수정액: $500,000,000원 \times 10년/50년 = 100,000,000원$

　　　　　　재조달원가　경과연수/전내용연수　감가수정액
　　　　　　　　　　　　　　　　↓
　　　　　　　　　(2008.04.01.~2018.04.01.)

③ 원가방식에 의한 가격

$$500,000,000원 - 100,000,000원 = 400,000,000원$$

　　재조달원가　　감가수정액　　대상건물가격

- 수익방식을 통한 가치평가

  1. 평가대상건물: 연면적 10,000㎡, 10층 건물, 사무실(업무용)

  2. 건물연면적당 월임대료: 10,000원

  3. 공실률: 3%

  4. 기타 영업경비: 50%

  5. 환원이율: 6%(업무용), 5%(상업용)

     ① 순수익

     10,000원 × 10,000㎡ × 12개월 × (1−0.03) × (1−0.5) = 582,000,000원
     임대료　　　면적　　　연간　　공실률　영업경비　　　순수익

     ② 환원이율: 업무용 〈6%〉 적용

     ③ 수익방식에 의한 가격

     582,000,000원 / 0.06 = 9,700,000,000원
     　순수익　　　환원이율　대상부동산가격

② 가상화폐에서의 가치투자 3방식 적용

비교 방식을 통한 가상화폐 가치평가 방법은 상대적으로 비슷한 유형의 가상화폐가 시장에 유통될 때 활용한다. 원가방식을 통한 가치평가 방법은 비슷한 유형의 가상화폐가 없고, 시장 전체의 흐름을 통해서만 유추할 수 있을 때 활용한다. 원금회수 예상기간을 통한 가치평기 방법은 ICO 진행 후 12수 이상의 충분한 기간이 지났을 때 활용 가능하다. 다만, 본 가치평가 방식은 모든 독립변수를 포함할 수 없으므로 오차가 발생할 수 있다.

3면성	가치평가 접근방향	3방식
시장성	대상 가상화폐는 유사성이 있는 가상화폐 대비 얼마의 가치를 가지는가	비교방식
비용성	대상 가상화폐는 투입 비용과 시장 상승률 대비 얼마의 가치를 가지는가	원가방식
수익성	대상 가상화폐를 통해 원금회수를 할 수 있는 기간은 언제인가	원금회수예상기간 방식

〈비교방식을 통한 가치평가(α)〉

가상화폐의 가치(α) = x×ε×t×l×s

* 여기서, 거래사례 가상화폐 가격 : X

사정보정치: ε

시점수정치: t

지역요인비교치: l

개별요인비교치: s

① 거래사례 가상화폐 가격(x): 대상 화폐와 용도적 유사성이 있고 비교가능성이 있는 가상화폐를 선정한다.

② 사정보정(ε): 김프, 역프, 과매도, 과매수 등으로 인한 사정개입의 경우 이를 정상화하는 과정, 해당사항이 없을 경우 1로 설정한다.

③ 시점수정치(t): 거래시점과 평가시점이 불일치할 경우 이를 정상화하는 과정(평균가격변동률), 비교 가상화폐의 상장시기가격 대비 현재 상승률만큼 나눈다.

④ 지역요인비교치(l) : 거래사례와 대상화폐가 속한 거래소간 격차를 정상화하는 과정. 해외거래소와 동시 상장의 경우 가격 차이만큼 보정한다.

1개 거래소만 상장 시 1로 설정한다.

⑤ 개별요인비교치(s): 거래사례와 대상 화폐와의 개별적인 요인(발행량, 실용성, 채굴 방식 등)을 비교하는 과정

개별요인 비교항목(N)	항목	계수	항목	계수	항목	계수
채굴방식	POS	1	DPOS	0.9	POW, 기타	0.85
발행량	발행량제한	1	발행량	0.9	발행량 다수	0.85
실용성	실현가능성 높음	1	실현가능하나 다소 걸림	0.9	실현가능성 낮음	0.85

개별요인 비교치(s) = 주요항목 계수의 합/N(개별요인비교항목)

개별요인 비교치는 필자가 가상화폐 30종을 장기투자하며 임의로 설정하였으니 참고 바라며 자세한 개별요인 비교치 표는 내가 운영하는 카페(주소)에서 참조 가능하다. 독자 여러분도 자신만의 가치투자 공식을 만들고 투자해보자.

⑥ 비교방식을 통한 가치평가

예시) 100원으로 상장 예정인 A코인의 가치평가하기(A코인, 플랫폼 코인, POS방식, 발행량제한, 로드맵 실현가능하나 다소 걸림, 호재로 인해 호재 전 대비 20% 급등하였음, 한국 거래소에서 첫 상장 예정 시)

거래사례 가상화폐 가격(x): 비슷한 Dapp 관련 코인 중 EOS와 비교를 한다. EOS는 현재 시점 7,000원이다. ∴ x = 7,000

1) 사정보정(ε)

호재 발표대비 20%가 상승하였으므로 사정보정을 하여 계수는 (100-20)%=80%

∴ ε=0.8이 된다.

2) 시점수정치(t): 1차 ICO 상장가 약 900원에서 현재가 7,000원으로 680% 상승하였다.

∴ t=7,000/900 = 7.77

3) 지역요인 비교치(l): 첫 거래소 상장으로 타 거래소와 비교할 수 없으므로 l=1로 설정한다.

4) 개별요인 비교치(s)

s= (1+1+0.9)/3=0.967

∴ A코인의 가치(α) = x×ε×t×l×s = 100×0.8×7.77×1×0.967=601.08원

〈원가방식을 통한 가치평가(β)〉

대상 가상화폐의 가치(β) = m+c

* 여기서, 재조달원가: m

가치 변환액: c

① 재조달원가(m): 가상화폐를 만드는 데 필요한 적정원가의 총액. 일반적으로 프로젝트 시 모금하는 금액 중 실사용액을 기준으로 하며 정확한 금액 산정이 어려울 경우 프로젝트 모금액을 사용한다.

② 가치 변환액(c): 물리적, 기능적, 경제적으로 가치가 증가하는 경우 그 가치증가분. 비트코인의 해당시점 대비 상승률(365일 전)을 기준으로 가치보정을 한다.

가치증가율 n = 해당시점 대비 비트코인 1년 상승률 − 100%

가치 변환액(c) = 재조달원가(m) × 가치증가율(n)

예시) 2018년 3월 18일 ICO 시 100억 원 규모의 자금모집을 하려고 하는 헬스케어 관련 A코인(발행량 10억 개)의 매당 가치는?

(1) 재조달원가(m)

   m = 100억 원

(2) 가치증가율(n)과 가치변환액(c)

   n = 608%−100% = 508%

   c = 100억 원×508% = 508억 원

(3) A코인의 가치 (β)

   ∴ β = m+c= 100억 원 + 508억 원 = 608억 원

(4) 코인 1개당 가치

   코인 1개당 가치 = β/발행량 = 608억 원/10억 = 60.8원

〈원금회수 예상기간을 통한 가치평가(γ)〉

대상 가상화폐의 가치$(\gamma) = \gamma_t \times \dfrac{W_1 - W_2}{W_1}$

* 여기서, $\gamma_t = \dfrac{2MW_1}{p}$ (원금 회수할 수 있는 기간)

   M = 투입 원금

   W_1 = ICO 상장 ~ 현재 까지 경과 주수

   W_2 = 하락주수(ICO 상장~현재까지 경과 주수 중

   1주일 주봉에서 고가 대비 저가가

   30% 이상 하락한 주수)

① 순수익(p)= ICO대비 상승한 가격

   ※ ICO대비 현재 가격이 하락 시 원금회복을 위한 가격이며 같은 식을 따른다.

② 시간(W_1): ICO 상장 후 ~ 현재까지 주수

③ 시간당수익률(단위 순수익/주(week)) = p / W_1

④ 원금회수할 수 있는 기간 예측(γ_t) = $\dfrac{2MW_1}{p}$

   투입한 금액(M)×2 = 시간당 수익률×시간(γ_t)

⑤ γ 보정

$$\gamma = \gamma_t \times \frac{W_1 - W_2}{W_1}$$

예시) 2018년 1월 ICO를 10원에 한 A코인을 2018년 3월 100원에 1,000개 매수하였다. 전체 15주 중 3주는 주봉이 고가대비 저가가 30% 이상 하락하였다. 이 때의 γ는 얼마인가?

(1) p

   p = (100−10)×1000 = 90,000원

(2) W_1, W_2

   W_1 = 15, W_2 =3

(3) 시간당 수익률

   p/W_1 = 90,000/15 = 6000

(4) γ_t

$$\gamma_t = \frac{2MW_1}{p} = \frac{2\times100,000\times15}{90,000} = 33.3 \approx 34주$$

(5) γ

$$\gamma = \gamma_t \times \frac{W_1 - W_2}{W_1} = 34 \times \frac{15 - 3}{15} = 27.2주 \approx 28주$$

$$\therefore \gamma = 28주$$

③ 가상화폐 가치평가 3방식을 이용한 실투자기(비교방식)

나는 2017년 5월부터 버지를 매입하였는데, 가장 큰 이유는 5월부터 9월까지 대쉬, 모네로 등 유사한 종류의 다크코인들이 상승하고 있음을 포착하였기 때문이다(유사 코인 선정). 이 시기에 폭락장뿐만 아니라 비트코인의 상승이 동반되던 때였기 때문에 대부분의 코인들은 시황의 흐름에 따라 움직였다. 그러나 버지의 경우 비록 화폐 발행량이 많았지만 다른 종목이 상승할 때 오르지 못하는 눌림목이 지나치게 형성되어 있었다(개별요인 비교치, 사정보정). 이를 종합하여 볼 때 버지는 당시 가격보다 저평가되어 있다고 판단하였고, 지속적인 매집을 하였던 것이다.

④ 가상화폐 등급 평가

앞에서도 언급했지만 가상화폐의 객관적인 가격평가 기준이 모호하기 때문에 투자자들은 항상 불안해 할 수밖에 없다. 이것을 대신하기 위해 신용평가사를 중심으로 여러 기업들은 가상화폐에 대한 평가 기준을 마련하고 코인에 대한 등급을 매기고자 노력하였다.

그러던 중 미국 플로리다의 신용평가사인 Weiss Ratings에서는 2018년 1월 24일 오후 11시 세계 최초로 74개의 가상화폐에 대한 등급을 공개하였다. 이들은 가격 위험, 보상 가능성, 블록체인 기술, 채택, 보안 및 기타요소, 실적, 거래동향 등의 기준을 통해 가상화폐들의 등급을 책정하였다.

투자자들은 처음으로 가상화폐가 기관에 의해 평가가 이루어진다는 사실에 기대감과 불안을 표현하였다. 가상화폐가 이제 음지에서 수면 밖으로 나와 세상 사람들에게 보여진다는 기대감과 동시에 자신이 믿고 투자한 종목이 높은 등급을 받으리라는 기대감으로 나타났고, 반대로 불안감은 자신이 분석한 기준이 잘못되어 낮은 등급을 받을 지도 모른다는 것에서 기인하였다.

가상화폐에 관심이 많은 한국에서는 등급 발표를 기다리는 투자자들이 급증하여 한 때는 Weiss Ratings 사이트가 접속 장애를 일으키는가 하면, 사이버 공격을 통해 등급 평가 정보를 사전에 입수하거나 조작하려는 시도까지하는 투자자가 생기기도 하였다.

그러나 예상과는 달리 최고 등급인 A를 받은 종목은 단 하나도 존재하지 않아, 투자자들은 실망감을 금치 못했다. 이더리움(ETH)과 이오스(EOS)가 B등급으로 가장 높게 책정되었으나 비트코인(BTC)은 C+에 그쳤다. 이와 동시에 Weiss Ratings에서는 A는 우수(excellent), B는 양호(good), C는 보통(fair), D는 취약(weak), E는 매우 취약(very weak)을 의미하며 A와 B는 "매수", C는 "중립 또는 보류", D와 E는 "매도"로 해석할 수 있다고 이야기 하였다. 결과적으로 Weiss Ratings에서는 가상화폐에 있어 우수한 종목은 없으며 적당한 이상의 평가를 내릴 수 없다고 결론을 내린 것이다.[9]

9 중앙일보, 2018.1.26., 비트코인 C+, 이더리움 B...가상화폐 등급 평가 논란에서 재인용

와이스 레이팅스가 평가한 암호화폐 등급

자료: 와이스 레이팅스

등급	암호화폐
B	이더리움(ETH), 이오스(EOS)
B-	네오(NEO), 스팀(STEEM), 카르다노(ADA)
C+	아크(ARK), 비트코인(BTC), 비트쉐어즈(BTS), 바이트볼 바이츠(GBYTE), 대시(DASH) 디크레드(DCR), 아이오 코인(IOC), 라이트코인(LTC), 뉴이코노미무브먼트(XEM)
C	애온(AEON), 아시(XAS), 블랙코인(BLK), 블록넷(BLOCK), 버스트(BURST), 바이트코인(BCN) 카운터파티(XCP), 도지코인(DOGE), 이더리움 클래식(ETC), 코모도(KMD), 리스크(LISK) 모네로(XMR), 나브 코인(NAV), 네블리오(NEBL), 넥서스(NXS), 엔엑스티(NXT), 피어코인(PPC) 피벡스(PIVX), 퀀텀(QTUM), 레이블록(XRB), 리플(XRP), 쉬프트(SHIFT), 스마트캐시(SMART) 스텔라(XLM), 스트라티스(STRAT), 시스코인(SYS), 버지(XVG), 버트코인(VTC), 웨이브(WAVES) 엑스트라바이츠(XBY), 지캐시(ZEC), 지코인(XZC)
C-	비트코인 캐시(BCH), 클록코인(CLOAK), 디지바이트(DGB), 디지털노트(XDN), 일렉트로니움(ETN) 페더코인(FTC), 네임코인(NMC), 레드코인(RDD), 스카이코인(SKY), 유빅(UBQ), 비아코인(VIA) 화이트코인(XWC), 젠캐시(ZEN)
D+	오로라코인(AUR), 비트코인 골드(BTG), 아인슈타이늄(EMC2), 게임크레딧(GAME), 굴든(NLG) 메가코인(MEC), 메타버스 ETP(ETP), 푸라(PURA)
D	익스펜스(EXP), 매치풀(GUP), 노바코인(NVC), 팟코인(POT), 퀴크(QRK), 라이즈(RISE), 살루스(SLS)

Weiss Ratings에서 처음 발표한 코인 등급

이러한 결과가 나타나자 시장에서의 반응은 빠르게 일어났다. 등급이 낮게 책정된 코인은 가격이 하락하였고 기대 이상으로 높게 나온 종목은 가격이 급상승하였다.

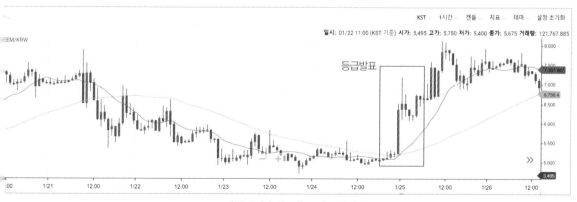

Weiss Ratings의 등급평가 발표 후 스팀 코인 가격 변화 차트

물론 Weiss Ratings의 등급평가는 무조건적으로 신뢰하기 어려운 부분도 존재한다. 실망과 분노에 찬 투자자들은 Weiss Raitings에 대한 보복성 '신상털기'에 나섰고 이들은 미국 증권거래위원회(SEC)가 내부자 거래 문제를 지적하는 문서를 찾아냈다. 또한, 2016년 미리 주식을 매집해두고 추천하여 가격을 올린 뒤 손을 터는 소위 펌핑과 '설거지 행위'로 1,000만 달러의 벌금 처분을 받은 기사를 공유하였다. 이들은 이 기사를 근거로 Weiss Ratings에서 그들이 보유한 가상화폐의 등급을 일부러 높게 책정한 것이 아니냐는 의혹을 제기하였다.

이처럼 여러 논란과 혼란을 야기한 최초의 등급 평가는 세계 100대 신용평가기관에 속한 곳이 처음으로 가상화폐에 대한 평가라는 점에서 의미가 있지만, 그 기준의 모호성에 대해선 여전히 논란으로 남아 있다.

한편, 한국에서도 투자자에게 객관적인 정보 제공과 어느 정도의 판단 근거를 제시하기 위해 가상화폐의 적정 가격에 대한 기준을 마련하여 코인을 평가하려는 움직임이 나타나고 있으며, 이와 관련된 평가사도 설립될 예정이다.

Position(차별화)

차별화란 기존의 코인 또는 다른 종목에 비해 이 코인이 가지고 있는 뚜렷한 포지셔닝을 말한다. 예를 들어, 스마트 콘트랙트의 기능으로 무궁무진한 활용성 가능성을 보여주고 Dapp을 통해 다양한 플랫폼을 제공하는 이더리움이나 기존의 화폐 송금 시스템을 뒤집는 효율적인 시스템을 고안해 낸 리플이 현재 가격까지 올 수 있었던 것은 그들만의 뚜렷한 포지셔닝 덕분이었다.

2017년 초만 해도 이더리움의 가격이 10~30만 원, 리플의 가격이 100~300원에 불과했으나 이들의 가치를 알아본 투자자들은 "이더리움 100만 원, 리플 1달러"를 외치며 가히 종교라고 부를 만큼 무조건적인 신뢰를 보였다. 그 결과 이더리움과 리플은 2018년 2월 현재, 이보다 훨씬 높은 가격대를 이루고 있다.

2017년까지는 가상화폐 시장이 급격히 성장하게 되어 코인의 기술력이나 잠재력에 대한 분석 없이 '묻지 마' 투자만으로도 충분히 수익을 낼 수 있었다. 그러나 2018년부터는 건전한 가상화폐 시장을 만들려고 하는 정부의 규제와 이성을 찾기 시작하는 투자자들의 자발적인 노력을 바탕으로 가상화폐들의 재편이 이루어질 것으로 예상된다. 새로운 세상을 보여줄 수 없는 코인이나 다른 가상화폐의 카피에 불과한 화폐 등은 점점 시장에서 퇴출될 것이고 실제 블록체인을 활용하여 4차 산업혁명에 발맞추어 갈 수 있는 가상화폐에 자원이 집중될 것이다. 이러한 미래 전망 속에서 가상화폐가 살아남기 위해서는 다른 것들과는 다른 개성이 존재해야만 한다.

Place(거래소)

이떠한 가상화폐가 성장하여 규모를 키우기 위해서는 대형 거래소에 상장이 되어 많은 투자자들에게 관심을 받아야만 한다. 특히, 거래소마다 뚜렷한 특징이 있기 때문에 어떤 거래소에 상장이 되어 있고 미래에 어디에 상장을 할 예정인지도 가치투자 종목 선정에서 중요한 요소라고 할 수 있다. 예를 들어, 현재에는 소규모의 거래소에만 상장이 되어 있지만 개발진들의 노력을 통해 차후 대형 거래소에 상장이 될 예정을 앞두었다면 향후 엄청난 가격 상승이 이루어질 것으로 예상할 수 있다.

다만, 주의해야 할 것은 대형 거래소 상장을 앞둔 코인들을 노리는 단타세력이다. 이들은 단기 시세차익을 노리고 먼저 소형 거래소에서 매입을 해 둔 뒤, 대형 거래소 상장 정보를 미리 입수하여 '찌라시'를 푼 뒤 공식 뉴스가 나오고 나서 급작스런 펌핑과 동시에 자신들의 물량을 개미들에게 넘겨버린다. 일례로 2017년 하반기 업비트 거래소의 등장이 예고된 시점에서 기존에는 국내 2위 거래소였던 코인원에만 상장되어 있던 퀀텀(Qtum)코인이 급작스럽게 빗썸 거래소에 상장할 수도 있다는 찌라시가 인터넷 채팅방들 사이에서 돌고

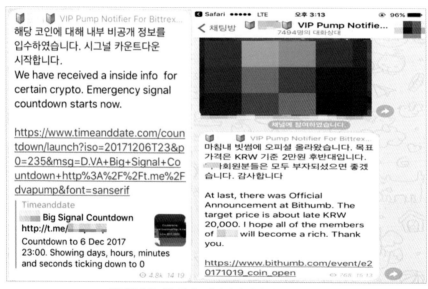

펌핑방에 올라온 퀀텀코인의 빗썸 상장 찌라시 유포

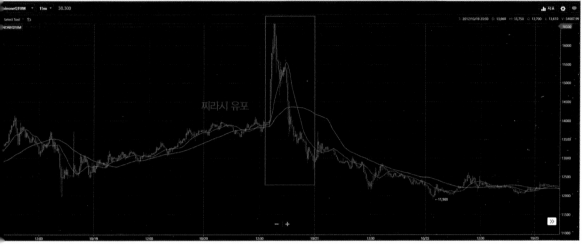

찌라시 유포 후 퀀텀코인의 가격 변화 차트

있었다. 이때 디*라는 펌핑방에서는 어떤 방법으로인지 먼저 이 정보를 입수하고 이에 대한 뉴스를 퍼뜨리며 가격 펌핑을 시켰다. 이처럼 거래소의 선택역시 중요한 투자요소인 것을 간과해서는 안 된다.

Promotion & Proposal(홍보와 비전)

치킨집을 경영하든, 쇼핑몰을 운영하든 많은 매출을 위해서는 무엇이 필요할까? 그것은 바로 홍보다. 좋은 상품을 제작하여 판매하는 것은 기본이지만, 경쟁자가 범람하는 현 시대에는 소비자에게 주목을 받지 못하면 성공할수 없다. 그런 이유로 많은 프랜차이즈들이 광고나 홍보활동에 엄청난 비용을 아낌없이 투입한다. 가상화폐 시장도 이와 다르지 않다. 2018년 2월 현재 가상화폐는 1500여 개가 넘는다. 그 중에 투자자들이 한 번이라도 이름을 들어본 코인은 절반도 되지 않을 것이며, 그 안에서 신뢰를 얻고 지속적인 투자를 받는 종목은 1/10도 넘지 못할 것이다. 즉, 기술적으로 우수하고 차별화된 코인을 개발하는 것도 중요하지만 투자자들에게 주목을 받고 관심을 받는 것 또한 필수적인 요소이다.

투자자들에게 관심을 받고 있다는 것은 무엇으로 확인할 수 있을까? 일차적으로는 해당 종목의 시가총액과 앞서 거래소(Place) 항목에서도 설명하였던 것처럼 '어떠한 거래소에 상장되어 있는가?' 이다. 또 시가총액은 얼마나 많은 자본금이 유입되어있는지를 나타내는 지표이다. 이것이 증가하는 추세에다 coinmarketcap에서 점점 시가총액 순위가 올라오고 있다는 것은 가격상승과 함께 더 많은 투자자들에게 관심을 받고 있다는 뜻이다. 또한 대형 거래소 외에도 많은 거래소에 상장되어 있거나 그럴 예정인 경우 투자자들의 관심과 수요가 늘어나는 반증이라고 판단해도 무방하다.

그렇다면 투자자들에게 더 많이 주목받기 위해서 코인 개발자나 운영진들은 무엇을 해야 할까?

첫 번째는 기본에 충실하여 더 좋은 기술력을 투입하고 끊임없는 개발을 통해 혁신적인 코인을 만드는 것이다. 좋은 물건을 만들면 언젠간 소비자들이 알아주듯 미래를 제시하는 코인은 시간이 지나면서 투자자들이 백서를 통해 이해하고 진정한 가치를 인정할 수밖에 없다.

두 번째는 개발진과 홍보팀의 투자자들과의 지속적인 의사소통이다. 가상화폐 시장은 변화속도가 빠르고 스캠 사기도 빈번하기 때문에 운영진이 코인에 대한 진행상황이나 개발상황을 주기적으로 공개하지 않는다면 투자자들이 불안감을 가지고 불만이 쌓일 수밖에 없다.

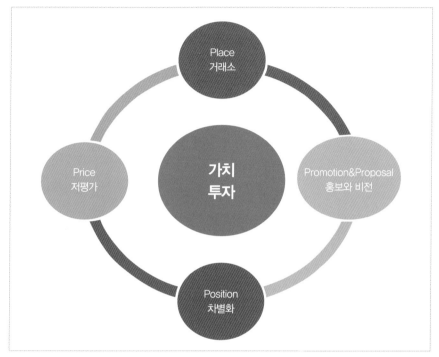

가치투자 종목선정 시 4P

가상화폐 관련 사이트들 정리

① ICO 관련 사이트

https://cointldr.com/reports 선별된(자체적으로 선정한) 코인 리포트 제공

https://icotracker.net/ 코인에 대한 정보(백서, 로드맵, 개발자 등)과 자체 코인 평가 등급 책정

http://icorating.com ICO에 대한 등급을 제공하는 사이트

https://icoranker.com/ 위와 동일하게 ICO에 대한 등급을 제공하는 사이트

https://topicolist.com gold일수록 저위험군, bronze일수록 고위험군

https://tokenmarket.net/ ICO 정보 관련 사이트

https://icodrops.com/pre-sales/ ICO 프리세일 리스트 제공

https://www.icoalert.com/ ICO 일정을 알려주는 사이트

https://www.reddit.com/r/icocrypto/ ICO 관련 해외 커뮤니티 사이트

② 정보 획득 관련 사이트

https://kr.investing.com 비트코인 선물지수(CME, CBOE), ICO캘린더, 각종 가상화폐 차트 제공

https://coinmarketcap.com 상장코인들의 시가총액, 거래량, 가격, 각종 순위 제공

https://luka7.net/ 김치프리미엄 확인 사이트

③ 커뮤니티 사이트 및 어플

Telegram 각종 정보 및 소식 제공(QtumKorea, NEM:Korea, Keep Calm and See everything 등)

https://coinkorea.info/ 각종 코인에 대한 정보 교류 커뮤니티

https://www.tradingview.com/ 차트 제공

https://cryptowat.ch/ 차트 제공

https://steemit.com/ 가상화폐, ICO 관련 정보성 블록체인 기반 커뮤니티

https://www.ddengle.com/ 채굴 관련 커뮤니티

④ 가상화폐 공식 트위터 사이트

에이다 https://twitter.com/ADAcoin_

뉴메레르 https://twitter.com/numerai

인터넷 오브 피플 https://twitter.com/IoP_community

메메틱 https://twitter.com/pepecoins

블록틱스 https://twitter.com/blocktix

바이트볼 https://twitter.com/ByteballOrg

엘라스틱 https://twitter.com/elastic_coin

디크레드 https://twitter.com/decredproject

페이션토리 https://twitter.com/patientory

디센트럴랜드 https://twitter.com/decentraland

라이즈 https://twitter.com/RiseVisionTeam

도지 https://twitter.com/dogecoin

레드 https://twitter.com/reddcoin

미스테리움 https://twitter.com/MysteriumNet

유빅 https://twitter.com/ubiqsmart

리피오 https://twitter.com/RCN_token

그로스톨 https://twitter.com/GroestlcoinTeam

파워렛져 https://twitter.com/PowerLedger_io

누비츠 https://twitter.com/OfficialNuBits

윙스다오 https://twitter.com/wingsplatform

라디움 https://twitter.com/RadiumCore

휴매닉 https://twitter.com/Humaniq

게임크레딧 https://twitter.com/gamecredits

퍼스트블러드 https://twitter.com/firstbloodio

나브 https://twitter.com/NAVCoin

메탈 https://twitter.com/metalpaysme

디지바이트 https://twitter.com/DigiByteCoin

피벡스 https://twitter.com/_pivx

펀페어 https://twitter.com/FunFairTech

베이직어텐션 https://twitter.com/AttentionToken

아크 https://twitter.com/ArkEcosystem

익스팬스 https://twitter.com/ExpanseOfficial

이그니스 https://twitter.com/IGNISguide

아더 https://twitter.com/ArdorPlatform

스텔라 https://twitter.com/StellarOrg

블랙 https://twitter.com/CoinBlack

비아 https://twitter.com/viacoin

시스 https://twitter.com/syscoin

익스클루시브 https://twitter.com/exclusivecoin

아인 https://twitter.com/einsteiniumcoin

디센트 https://twitter.com/DECENTplatform

지코인 https://twitter.com/zcoinofficial

비트코인캐쉬 https://twitter.com/BITCOINCASH

코파운드잇 https://twitter.com/cofound_it

디직스다오 https://twitter.com/DigixDAO

네오 https://twitter.com/NEO_Blockchain

엔엑스티 https://twitter.com/NxtCommunity

복셀 https://twitter.com/Voxelus

베리 https://twitter.com/VeriCoin

리플 https://twitter.com/Ripple

팩텀 https://twitter.com/factom

메이드세이프 https://twitter.com/maidsafe

스토리지 https://twitter.com/storjproject

시아 https://twitter.com/SiaTechHQ

스트라티스 https://twitter.com/stratisplatform

뉴이코 https://twitter.com/NEMofficial

리스크 https://twitter.com/LiskHQ

코모도 https://twitter.com/KomodoPlatform

엣지리스 https://twitter.com/edgelessproject

애드엑스 https://twitter.com/AdEx_Network

스테이터스 https://twitter.com/ethstatus

대시 https://twitter.com/Dashpay

모네로 https://twitter.com/monerocurrency

퀀텀 https://twitter.com/QtumOfficial

골렘 https://twitter.com/golemproject

시빅 https://twitter.com/civickey

어거 https://twitter.com/AugurProject

텐엑스페이 https://twitter.com/tenxwallet

오미세고 https://twitter.com/omise_go

비트코인골드 https://twitter.com/bitcoingold

이더리움 클래식 https://twitter.com/eth_classic

이더리움 https://twitter.com/ethereumproject

지캐시 https://twitter.com/zcashco

버트 https://twitter.com/Vertcoin

⑤ 기타 유명인, 거래소 트위터 주소

https://twitter.com/BigONEexchange 후오비 거래소

https://twitter.com/GDAX GDAX

https://twitter.com/CardanoStiftung 카르다노 재단

https://twitter.com/Poloniex 폴로닉스 거래소

https://twitter.com/binance_2017 바이낸스 거래소

https://twitter.com/JihanWu 우지한(전 세계에서 가장 영향력 있는 비트코인

　채굴장(Bitmain) 소유주)

https://twitter.com/bitfinex 비트파이넥스 거래소

https://twitter.com/rogerkver 로저버

https://twitter.com/VitalikButerin 비탈릭(비탈릭 부테린: 이더리움 창시자)

https://twitter.com/SatoshiLite Charlie Lee(찰리 리: 라이트코인 창시자)

https://twitter.com/BittrexExchange 비트렉스 거래소

가치투자 종목선정 시 유의사항

1. 다양한 사이트들로부터 최대한 많은 정보를 수집한다

뉴스나 각종 커뮤니티를 이용하여 투자 전 선별적으로 정보를 수집 및 분석을 한다.

2. 백서를 100% 신뢰하지 않는다

백서는 백서일 뿐 현실의 상황을 대변하는 것은 아니다. 개발자는 많은 투자자를 유치하기 위해 최대한 매력적으로 보이도록 백서를 작성한다. 이것의 현실성에 대한 검증은 전적으로 투자자가 해야만 한다. 기존 산업과 블록체인 기반 코인이 도입되었을 때의 변화의 영향력과 현실성을 고려하여 판단하도록 하자.

3. 개발진, 운영진이 어떤 사람인지 꼭 확인한다

블록체인이나 가상화폐에 있어 프로그래머나 기타 경력 없이 갑자기 등장하여 ICO 등의 자금모집에 나서는 이들의 종목은 투자에 유념해야 한다. 블록체인 및 가상화폐 시장은 아직 걸음마 단계라 뚜렷한 전문가가 존재하지도 않기에 한 개발자가 여러 곳에 동시에 여러 코인의 개발에 참여하는 경우가 부지기수이다. 따라서 개발진의 경력과 신뢰성, 이전의 전력(예를 들어 다른 코인에서 문제를 일으키고 나서 이름만 바꾸었다던가) 등에 대한 철저한 분석이 필요하다.

4. 커뮤니티 반응을 꼭 확인하자!

투자에 있어서 가장 중요한 것은 투자자 본인의 소신과 신념이다. 그러나 완벽한 정보를 획득할 수 없는 상황에서 다른 이들의 반응이나 분석을 참고하는 것은 시간과 비용, 자신의 선택의 신뢰성을 높이는 데 좋은 방법이 될 수 있다.

기본적으로 커뮤니티에서는 자신이 투자했거나 관심을 둔 코인에 대한 정보를 자발적으로 홍보하고 분석글을 올리는 경향이 있다. 자신만이 투자를 했을 때의 불안감을 해소하기 위해 다른 이들이 자신을 따라 투자하도록 적극적 마케터가 되는 것이다. 이 때문에 커뮤니티에 등장하는 코인에 대한 글들은 개발상황에 대한 내용이 주를 이루지만 부정적인 내용은 많이 숨겨지고 긍정적인 부분만 부각되어 나타난다. 그렇기에 긍정적인 리뷰는 투자자 개인이 분석을 통해 걸러내서 받아들여야 하며, 반대로 오히려 부정적인 리뷰가 커뮤니티에 등장한다면 투자에 있어 더욱 신중을 기해야 한다.

07

가치투자의 끝은 매도,
그리고 수익이다

로드맵에 따른 매도

가치투자에 있어 매수하는 시기나 종목 선정도 중요하지만 적절한 시기에, 적당한 가격에 매도하는 것 또한 수익률을 극대화하기 위해 필수적인 전략이다. 주식에서 팔기 전까진 손해도 이득도 아니며, '현금이 내 주머니에 들어와야 실현되는 것'이라는 말이 있듯 가상화폐 거래도 마찬가지이다. 무작정 장기적으로 오래 들고 있다고 해서 자신의 자산이 무한정 늘어나는 것은 아니기에 목표치와 투자 코인과 전체적인 시장 상황에 대한 명확한 분석을 통한 수익화를 하는 것이 바람직하다. 그렇다면 어떤 시기에 수익화를 하는 것이 좋을까? 가장 좋은 신호는 코인이 발전하는 단계에 따라 추세를 넘어 상승하는 순간이 될 것이다. 일례로 다음과 같이 로드맵이 4단계로 구성되어 있는 이더리움의 경우를 살펴보자.

1단계 프론티어(Frontier, 개척자): 이더리움을 개발, 채굴하고 네트워크를 형성하여 노드(사용자)가 활성화되는 단계

2단계 홈스테드(Homestead, 주택): 이더리움이라는 신대륙에 이주민이 속속들이 입주하면서 생태계가 구축되는 단계

3단계 메트로폴리스(Metropolis, 거대도시): 이더리움이 대중화되기 위해 사회적 인프라가 형성되는 단계. 1차 비잔티움(Byzantium)과 2차 콘스탄티노플(Constantinople) 하드포크를 통해 채굴 방식이 작업증명(PoW)에서 지분증명(PoS)로 전환된다.

4단계 세레니티(Serenity, 평온): 모든 개발이 끝나 평온을 찾게 된 단계. 이더리움재단이 추구하는 완성형 모습으로서 대용량 트랜잭션 등의 기능이 들어있어 전 세계의 모든 기록을 담을 수 있을 정도의 플랫폼으로 거듭나게 된다.

이러한 뚜렷한 단계가 구분되어 있는 로드맵에서 가격은 보통 각 단계의 전환점이 되는 시점의 직전부터 투자자들의 기대감이 작용하여 상승하게 된다. 그렇다면 현명한 투자자는 어떻게 행동하면 되겠는가? 로드맵의 변환 단계의 가격추이를 보고나서 변환 시기에 맞추어 익절을 하고 조정이 오는 시기에 다시 매수를 하면 되는 것이다!

이더리움(ETH/KRW, 4시간봉)

호재에 따른 매도

일반적으로 코인이 개발되어 나감에 있어 점차적으로 호재가 발표되기 마련이다. 그리고 이에 따른 투자자들의 기대감은 먼저 발 빠르게 진입해 있던 독자들에게 좋은 익절 시점이 된다. 일례로 이더리움 클래식의 하드포크 이슈를 들 수 있다. 2017년 12월 13일로 예정된 이더리움 클래식 하드포크는 기존의 무제한이었던 발행량을 2억 3천만 개로 한정시키고 채굴 보상을 5백만 블록마다 20%씩 감소시켜, 희소성을 갖게 함으로써 기존의 보유자들에게 더 큰 가치를 주도록 하는 것을 목적으로 하고 있었다. 이 때문에 이더리움 클래식은 11월 점차 폭등하기 시작하였고 11월 말 높은 가격을 띠게 되었다. 그러나 현실에서는 이후 12월 13일까지 비트코인의 독주와 차익실현으로 인해 오히려 호재 당일까지 가격이 하락하는 모습을 보였다.

일반적으로 호재, 특히 그것이 대형 호재일수록 투자자들의 기대감은 비례해서 커져간다. 그러나 호재 당일에는 오히려 실망감이나 차익실현 매물이 대거 등장하기 마련이기 때문에 지속적인 상승이 어렵다. 그렇다면 현명한 투자자들은 어떻게 대응할 것인가? 바로 호재 이전의 기대감을 이용하여 환희 속에 익절을 하고 조정을 기다리는 것이다.

이더리움 클래식(ETC/BTC, 1일봉)

세력에 놀아나면 백 년이 지나도
당신은 지기만 할 뿐

개미 투자자는 가상화폐에 투자를 하게 되면 이득, 손해를 가리지 않고 항상 후회만을 반복한다. 그 이유는 다음과 같다.

상승장에서의 후회

1. 자신이 보유한 코인의 가격이 오를 경우 → '이 코인에 더 많은 비중을 두고 매수를 할 걸'
2. 자신이 보유한 코인의 가격이 오르지 않을 경우 → '이것 말고 다른 것을 매수했다면 좋았을 텐데'
3. 매도를 했는데 가격이 오른 경우 → '더 비싸게 팔 수 있었는데'

하락장에서의 후회

1. 자신이 보유한 코인의 가격만 내릴 경우 → '왜 이걸 샀었을까'
2. 모든 코인의 가격이 동반 하락할 경우 → '현금보유(익절)를 해뒀어야 했는데'
3. 매도를 했는데 가격이 다시 오를 경우 → '좀만 더 버틸 걸'

이러한 후회를 하는 개미 투자가들은 대부분 눈앞에 있는 짧은 시간의 차트만 보고 단순 호가창의 가격변화에 일희일비하는 사람들이다. 세력들은 이러한 개미들의 유약한 심리를 모두 알고 치밀한 계획 하에 개미들의 물량과 현금을 빼앗으려 한다. 일반적으로 개미 투자자들은 '나는 다를 거야, 나는 현명하니까!' 하며 자신의 실력을 과대평가하는 경향이 있다. 그러나 그들의 대부분은 −30%, −50%, −60%로 손실이 늘어나면 불안해하며, 물량을 넘길 수밖에 없게 된다.

그렇다면 어떻게 마음가짐을 먹어야 위 아래로 흔들리는 차트 속에서 중심을 잡을 수 있을 것인가? 그것은 바로 투자한 종목에 대한 믿음과 철저한 분석이다. 공부하고 이해하여 단순히 눈앞의 양봉, 음봉에 연연하는 것이 아니라 조금 더 긴 호흡을 가진다면 훨씬 더 여유롭고 이성적인 매매가 가능해질 것이다. 가격이 내려오고 있을 때 미소를 띠며 커피를 마시면서 일상에 집중하고 있을 때 어느새 당신은 익절하고 있는 자신을 만나게 될 것이다.

공짜로 당신 주머니에
돈을 채워줄 사람은 아무도 없다

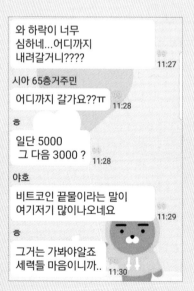

텔레그램이나 단체 카톡방 등 개방형 SNS에서 자주 보이는 것이 얼마까지 갈까요? 이제라도 손절할까요? 라는 질문이다. 이러한 말을 한 투자자의 마음도 십분 이해되기는 한다. 자신의 원칙에 따라 투자를 했으나 자신이 모르는 무언가 악재나 호재가 존재하여 차트가 움직이는 것이라고 판단하여 불안감 또는 기대감에 다른 투자자들에게 의견을 구하

는 것이다. 사실 그들의 의견에 100% 신뢰를 하고 묻는 사람은 없을 것이다. 다만 그들은 자신과 비슷한 처지의 투자자를 찾고 자신의 투자원칙이 틀리지 않았음을 확증하고 싶은 것뿐이다.

하지만, 이러한 행동은 자신도 모르게 스스로에게 칼을 들이대고 있는 것과 같다. 많은 가상화폐 투자 고수, 세력들은 누군가가 팔고 싶다는 글을 올리기 시작할 때에서야 비로소 매수 버튼에 손을 가져간다. 일반 투자자들이 버티기 힘들어 하나 둘씩 손절을 하는 모습을 보며 세력들은 기분 좋게 개미들의 물량을 받아간다. 반대로 가격이 폭등하는 중에 개미들이 기대감과 환희에 가득 차 "To the moon!!!", "우주로 가즈아~~"라고 외칠 때 세력은 서서히 손을 털고 자리를 떠날 채비를 한다.

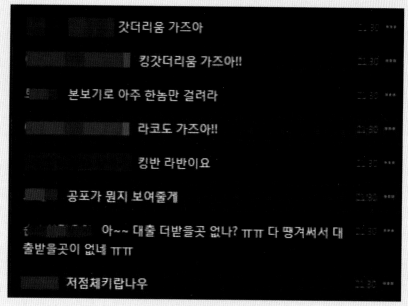

코인원 채팅방

투자자들이 이런 채팅을 올리는 이유는 무엇일까? 매수를 한 이들은 자신보다 높은 가격에 누군가가 사주어야만 이득을 볼 수 있기 때문에 코인에 대한 적극적 홍보를 하는 것이고, 현금보유를 한 이들은 더 낮은 가격에 사고 싶어 다른 이들에게 불안감을 심으려 한다.

내가 사고 싶은 가격은 누군가에게는 팔고 싶은 가격이며,
내가 팔고 싶은 가격은 누군가에게는 사고 싶은 가격이다.

Chapter 03

가상화폐 가치투자
실전편

수익 내는 사람의
포트폴리오 따라하기

등락폭이 많은 가상화폐의 실전투자에 있어서 가장 중요한 것은 상황에 따른 현금비율의 유지와 매수, 매도 시기의 선정이다.

현금비율의 설정

가상화폐에 투자해 본 독자들이라면 모두 알다시피 현금을 보유하고 있는 것은 투자자 스스로의 심리적인 안정감을 갖게 하고 이성적인 판단을 하게 하는 데 매우 도움이 된다. '올인', '현금 보유 0' 등은 투자자를 불안하게 하고 조급하게 하여 수익을 얻을 수 있는 상황에서도 손해를 보게 만든다.

나의 경우 상승장/횡보장/하락장으로 전체 시황을 구분하고 이에 따라 현금비율을 전체 자산의 30%/50%/70%로 포트폴리오를 구성한다. 즉, 상승장의 경우 현금 비율을 30%로 시작하여 과열 상태가 오는 코인을 차례대로 현금화하여 전체 장이 과열이 되었을 때 70%가 되도록 유지한다. 반대로 하락장의 경우 70%를 유지하고 있던 현금을 지지선에 따라 분할로 매수를 시작하여 30%까지 현금비중을 낮춘다.

매수 시기 설정

어떠한 투자를 하더라도 전체 시황, 비트코인의 흐름을 거스르는 매수는 금물이다. 매수하려고 하는 코인이 호재를 눈앞에 두고 있더라도 전체 시장이 휘청거리는 상황에서는 제대로 된 저점에 매수를 할 수 없다. 특히, 소형주 파종 투자를 할 경우에는 먼저 비트코인의 흐름을 파악해야 한다. 즉, 비트코인이 하락을 마치고 점차 안정화되어 있는 상태가 바로 적기이다.

매도 시기 설정

매도 시기는 전체 시황 뿐만 아니라 해당 종목의 로드맵과 비전 그리고 투자자의 원칙이나 목표에 따라 달라진다. 로드맵이 있는 경우 이를 기준으로 매도를 주로 하게 되며, 그렇지 않은 깅우 전체 시황이나 투자자 스스로의 원칙에 따라 매도시기를 조절하도록 한다.

02

안정적인 수익률을 자랑하는 대형주
중심의 적립식 투자법 _이더리움, 퀀텀, 네오

예제 1. 아래의 이더리움 차트와 주어진 상황을 보고 매수와 매도를 언제하

면 좋을지 표시해 보자.

이더리움 적립식 투자(ETH/KRW, 4시간봉)

2017년 말부터 2018년 초 이더리움을 기준으로 매수시점과 매도시점에 관한 분석을 해보도록 하자. 판단 기준은 다음과 같다.

① 2017년 말부터 비트코인을 비롯한 가상화폐 시가총액은 계속해서 전고점을 돌파하였다.
② 이더리움은 10월 중순, 비잔티움 하드포크를 완료하였다.
③ 12월, 비트코인 가격이 19000불을 돌파하였다.
④ 12월 말부터 비트코인 가격 거품논란에 대한 악재뉴스가 등장하였다.
⑤ 1월 초, 한국 정부를 시작으로 가상화폐에 대한 규제 논의가 본격화되었다.

2017년 10월 이후 이더리움의 대형 호재가 사라진 상황에서 소형 호재만이 존재하고 있었다. 11월부터 시작된 비트코인의 독주는 지칠 기미를 보이지 않았고 시가총액은 모두의 예상을 넘어 엄청난 속도로 상승하였다. 비트코인 캐시, 리플 등을 비롯하여 시가총액 상위 코인들은 돌아가면서 펌핑을 하였으나, 이더리움은 상대적으로 가격이 눌려있었다. 이후 2018년 1월 초 이더리움의 순서가 되어 가격 펌핑이 시작되었고 한국 정부의 규제가 시작된 1월 중순까지 상승세는 지속되었다.

해설

위의 여러 정보를 종합하여 본 해당 기간에서의 이더리움의 매수 시점은
위와 같이 다른 코인들이 가격 펌핑을 하고 시가총액이 상승하고 있으나 이
더리움만 횡보하고 있는 상황과 1차 상승 이후 눌려있는 구간이다. 이후 상승
세를 타고 각종 호재뉴스와 비트코인의 최고점 돌파를 앞둔 시점에서 매도를
하며, 악재가 쏟아져 가격이 내려올 때 지지선을 보며 분할 재매수를 한다.

이더리움 적립식 투자(ETH/KRW, 4시간봉)

예제 2. 아래의 퀀텀 차트와 주어진 상황을 보고 매수와 매도를 언제하면 좋을지 표시해 보자.

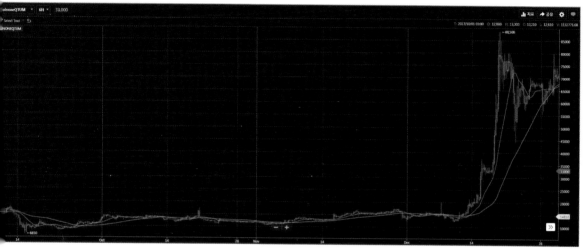

퀀텀(QTUM/KRW 4시간봉) 17년 9월~18년 2월

① 2017년 9월과 11월 비트코인 가격이 폭락하며 커다란 하락장이 형성되었다.

② 그러나 비트코인 가격은 며칠 만에 회복하였고 다시 상승세를 유지하였다.

③ 퀀텀이 UBTC 에어드랍을 시행하기로 결정하였고, 2018년 초 인공위성을 발사하기로 발표하였다.

해설

9월과 11월에 폭락장에 매수하는 것은 가치투자, 장기투자의 기본임을 이제 독자들은 모두 이해할 것이다. 그리고 결과적으로 가격은 안정세를 찾아갔고, 11월부터 가상화폐 시장의 대호황기를 맞이함에 따라 퀀텀도 대형 호재를 안고 폭등하였다. 그러나 이 시기 '김치 프리미엄'이 40%를 넘어 50%까지 나타나며 거품 논란이 일었다. 이에 따라 가격이 급상승 하는 구간에서 분할로 익절을 한 후 폭락과 악재가 풀렸을 때 재매수를 하는 것이 바람직하다.

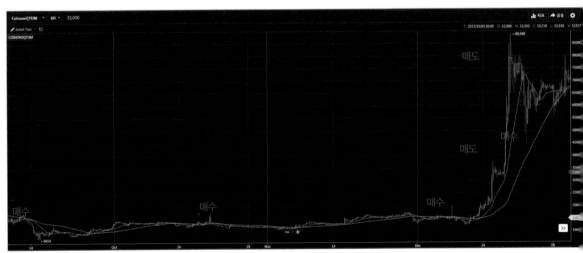

퀀텀(QTUM/KRW 4시간봉) 17년 9월~18년 2월

예제 3. 아래의 네오 차트와 주어진 상황을 보고 매수와 매도를 언제하면 좋을지 표시해 보자.

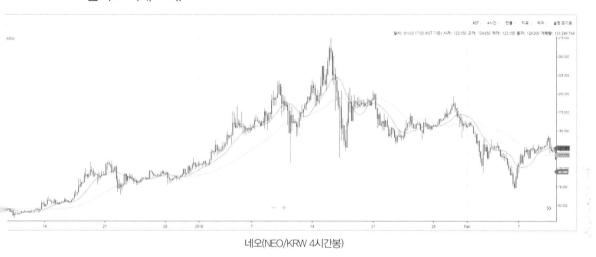

네오(NEO/KRW 4시간봉)

① 밋업이나 컨퍼런스 이외 특별한 호재가 예정되어 있지 않은 상황
② 2017년 말 시장 전체의 과열과 2018년 초 한국 정부의 규제가 급격하게
  나타난 상황

해설

특별한 호재가 예정되어 있지 않은 코인은 시장상황에 따라 유연하게 현금화를 시킬 준비를 항상 하고 있어야만 한다. 2017년 말 시장 전체의 과열 징후가 나타났을 때 1차로 현금화를 하고 대기를 하고 있는 상황이다. 한국 정부의 규제가 나타나는 대형 악재로 인한 패닉셀 상황에서 현금화의 일부를 단기 매수로 진입하여 개수를 늘린다. 이후 비트코인의 추세에 따라 악재의 번복에 따른 추세 회복을 기다리며 추가 2차 현금화를 한다.

네오(NEO/KRW 4시간봉)

03

보다 큰 수익을 노리는
소형주 중심의 파종 실전투자법

예제 1. 아래의 레드코인의 차트와 주어진 상황을 보고 매수와 매도를 언제

하면 좋을지 표시해 보자.

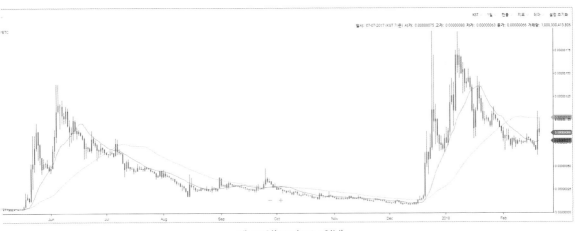

레드코인(RDD/BTC, 1일봉)

① 2번의 펌핑 이후 하락이 지속되고 있는 상황

② 뚜렷한 호재가 존재하지는 않지만, 비트코인의 악재에도 크게 영향을
    받지 않고 사토시 가격이 하락하고 있음

해설

1일봉 기준으로 2번의 폭등 이후 세력 이탈로 인해 사토시 가격이 지속적으
로 하락하고 있다. 비트코인의 호재나 악재 여부에 상관없이 이루어지고 있는
차트이기 때문에 지지선마다 분할로 인내심을 가지고 지속적인 매집을 한다.
기다림 끝에 다시 한 번 폭등이 왔을 때 분할로 매도를 하여 수익화한다.

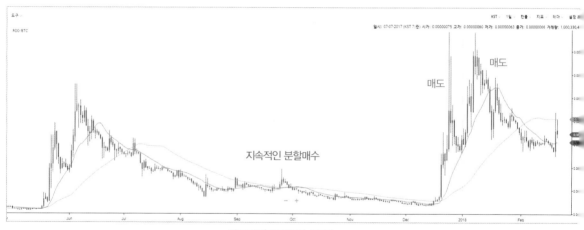

레드코인(RDD/BTC, 1일봉)

예제 2. 아래의 코모도 코인의 차트와 주어진 상황을 보고 매수와 매도를 언제하면 좋을지 표시해 보자.

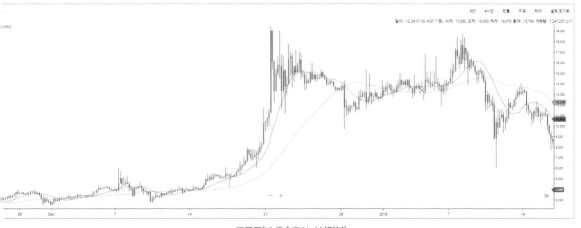

코모도(KMD/KRW, 4시간봉)

① 2017년 말~2018년 초 전체 시장에 과열 징후가 뚜렷하게 나타나 있음
② 2018년 1월 비트코인 다크와의 합병, 아토믹 스왑 등 대형 호재가 예정
   되어 있음

해설

2018년 1월 대형호재를 앞두고 있지만 모두가 두려워할 정도로 비트코인 뿐만 아니라 전체 시장에 과열 증세가 뚜렷하다. 그렇기 때문에 2017년 말 1차로 분할 매도를 하면서 점점 현금비율을 높인 뒤, 2018년 1월 초, 잠깐의 호재 반영 시기를 이용하여 2차 분할 매도를 하여 수익화 및 현금비율을 높인다.

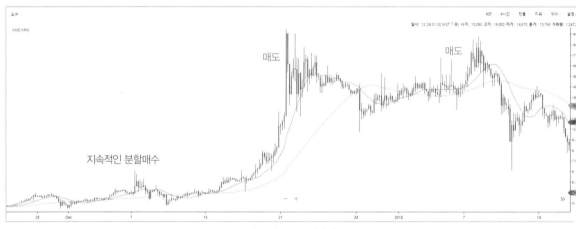

코모도(KMD/KRW, 4시간봉)

04

직접 따라해보는 ICO 투자 준비법

ICO를 하기 위해서 먼저 필요한 것은 개인 지갑이다. 물론 국내 ICO의 경우 거래소 지갑을 통한 코인 전송이 가능한 상황도 존재하지만 국내 ICO는 금지되어 있고, 대부분의 ICO는 해외 기반으로 만들어지기 때문에 별도의 개인 지갑을 보유하는 것이 편리하다.

하지만, 개인 지갑은 단순히 ICO만을 참여할 목적으로만 만들지는 않는다. 블록체인 기술은 독자들도 알다시피 해킹이 불가능하다. 그러나 2014년 비트코인 해킹 사건으로 인한 일본의 마운트곡스 파산사테니 2018년 코인체크 거래소의 NEM코인 해킹 사건 등은 투자자들을 혹여나 자신의 코인이 도난당하지는 않을까하며 불안하게 만들고는 한다. 이러한 경우 투자자는 개인

지갑을 사용한다면 거래소의 해킹으로부터 안전하게 자신의 코인을 보유할 수 있다.

　개인 지갑은 크게 핫월렛(hot wallet)과 콜드월렛(cold wallet)으로 나뉜다. 두 지갑의 가장 큰 차이는 인터넷과 연결되어 있느냐 여부이다. 인터넷과 연결된 핫월렛은 거래를 쉽게 할 수 있으나 인터넷을 통해 자신의 PC에 들어오는 해킹에 취약하다. 반면 콜드월렛은 인터넷으로부터 배제되어 있기 때문에 거래는 불편하지만 해킹으로부터 완전히 자유롭다는 장점이 있다. 하드웨어 지갑은 콜드월렛의 대표적인 케이스 중 하나로 인터넷 연결이 되지 않은 상태에서 물리적 드라이브에 private key와 코인을 저장할 수 있다. 또한 USB 형태를 가지고 있기 때문에 보관과 휴대가 용이하다는 장점이 있으나 지갑 자체를 도난, 분실할 경우 복구가 불가능하기 때문에 보관에 주의해야 한다.

　수많은 지갑들 중 주로 사용되는 것은 이더리움, 퀀텀, 네오, 라이트코인 등 플랫폼 기반의 코인들이 많다. 왜냐하면 이들을 이용한 토큰의 개발이 활발하기 때문에 관련 ICO에 참여하는 것이 상대적으로 간단하기 때문이다.

　여기에서는 대표적인 이더리움의 마이이더월렛 가입법에 대해서 설명토록 하겠다.

지갑준비– 마이이더월렛 가입

https://www.myetherwallet.com/ 으로 접속한다. 한국어 버전도 가능하기 때문에 한국어로 언어 변경을 한다면 이용하기가 더 쉽다.

지갑 주소 생성

9자 이상의 비밀번호를 입력하여 지갑을 생성한다.

keystone파일 백업

　keystone파일이 등장하게 되는데, 이 파일과 이전의 비밀번호는 지갑을 분실하였을 때 복구용으로 사용되기 때문에, 안전한 장소에 백업을 해두는 것이 좋다. 백업이 완료된다면, 하단에 I understand continue를 눌러준다.

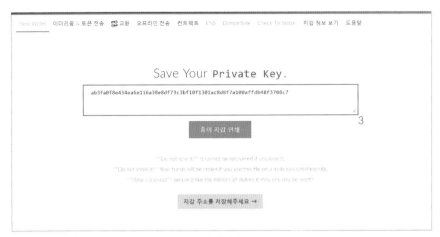

개인키 백업

개인키는 keystone파일을 잃어버렸을 때 로그인을 가능케 하는 수단으로서, 로그인 후에 keystone파일을 다시 다운로드 가능하기 때문에 이것 또한 백업을 해두는 것이 좋다.

지갑 정보 보기

지갑 로그인

기존에 다운 받았던 keystone파일 또는 개인키를 붙여 넣어 로그인을 한다.

이후 생성된 주소로 거래소 지갑으로부터 이더리움을 전송한다.

ICO에 참여할 경우 개인 지갑 주소에서 ICO주소로 이더리움을 전송한다.

ICO 절차에 따른 퀀텀 ICO참여기

1~3 아이디어단계부터 정책 및 기술개발에 대한 검토

나도 일반 투자자들과 마찬가지로 퀀텀(QTUM)에 대해 처음 접한 곳은 커뮤니티였다. 여러 커뮤니티에서 기타 투자자들의 반응을 종합한 뒤 이더리움과 유사한 플랫폼에 매력을 느끼고 백서를 통한 검증을 시작하였다. 퀀텀의 개발진의 이력과 사업모델, 블록체인 디자인을 전체적으로 파악하였고 퀀텀이 그리고 있는 로드맵이 단기뿐만 아니라 장기적으로 유효할 수 있다고 판단하였다.

4~5. 홍보활동부터 프리세일 참여 그리고 그 이후

지속적으로 커뮤니티를 모니터링 한 결과 퀀텀에는 일정부분 ICO에 참여하는 것이 좋다고 판단하였고, 합류하게 되었다.

그러나 아니나 다를까 퀀텀에도 스캠 논란이 나타나기 시작하였다.

퀀텀 스캠 논란

하지만, 퀀텀 제작진은 지속적으로 자신들의 로드맵과 기술적, 재무적 진행 상황을 업로드 하여 적극적인 해명에 즉각 나섰다.

퀀텀 개발진의 해명

퀀텀 개발자 패트릭 다이의 해명

뿐만 아니라, 개발자인 Patrick Dai도 각종 커뮤니티에 퀀텀에 대한 설명과 자신에게 향한 여러 논란 등에 대한 해명에 적극 나서며 퀀텀에 대한 신뢰성을 높여나갔다. 이러한 커뮤니케이션 등을 통해 본인은 퀀텀의 현재와 미래에 대한 믿음을 가지게 되었고, 결과적으로 퀀텀은 현재까지도 승승장구 하고 있으며, 본인은 로드맵에 따라 매도와 매수를 반복하며 지금까지도 보유하고 있다.

퀀텀의 ICO 성공은 시기와 운이 좋아서 결과까지 잘 이어진 덕분일 수도 있다. 그러나 ICO가 연일 대박을 치던 때에도 스캠과 사기, 상장 이후 고꾸라진 종목들도 분명히 존재하였다. ICO는 정말로 대박과 쪽박을 오갈 수 있는 위험하지만 매력적인 투자방법이다. 하지만, 투자자가 안목과 기준을 가지고 지속적으로 공부한다면 이만큼 재밌고 효율적인 투자는 존재하지 않을 것이다.

이제 독자들은 가치투자 실전에 들어섰다. 앞에서 대형주, 소형주, ICO투자 등 크게 세 가지로 나누어 살펴보았던 가치투자의 유형을 바탕으로 자신의 투자 성향에 맞는 투자방향을 어느 정도 정하였으리라 본다. 그렇지만 실제 투자의 시점에서 가장 중요한 것은 현실 경제의 흐름을 읽어내는 감각이다.

가치투자는 결국 돈의 흐름, 주요 산업 동향과 경제의 흐름, 그것을 둘러싼 정치, 사회적 분위기와 무관하지 않으며, 그것은 현실을 보는 눈, 경제를 이끌고 주도하는 미래 트렌드를 읽어내는 능력에 좌우되기 때문이다. 투자자로서의 나의 삶은 이 사회에서 세상을 만들어나가는 또하나의 '블록체인'이라고 할 수 있다. 자신의 성공을 바란다면 불철주야의 또다른 깨어있는 노력이 요구된다는 것을 잊지 말자.

가치투자 체크리스트(매수 이전)

	A 코인
전체 시황	상승장 / 횡보장 / 하락장 파악
백서/로드맵	실현 가능성, 구체성, 경쟁자, 기술적 비전, 사업성 분석
커뮤니티 반응	국내 / 해외 커뮤니티 사이트의 반응 수집
제작진	이전 성공사례나 인터뷰, 평판, 협력사, advisory 확인
커뮤니케이션	제작진, 개발진들의 커뮤니케이션 활동량 확인
Github	소스 코드 등록 여부
가격 평가	ICO 모집가 또는 현재 가격에 대한 가치평가
매수 시기 설정	지지선 확인 후 매수 예약 금액, 시기 선정
매도 시기 설정	지지선, 로드맵 확인 후 매도 예약 금액, 시기 선정
기타 뉴스 확인	해당 코인 가격에 영향을 줄 수 있는 중대한 뉴스 정리

가치투자 체크리스트(매수 이후)

분석 툴	코인A
시황 변화 확인	매수 이후 전체 시황, 비트코인 가격의 변화 정리
해당 종목 변화 확인	매수 이후 해당 종목의 가격 변화 정리
로드맵 이행여부	백서를 확인하고 사업 로드맵이 제대로 이행되고 있는 지 검토
Github	기술적인 개발에 대한 주기적인 코드 공개가 이루어지고 있는 지 확인
커뮤니케이션	개발진, 기획진들의 주요 활동 정리
추매 여부	재가치평가를 통한 추매 여부에 대한 점검
매도 여부	로드맵, 비전, 전체 시황을 분석하여 매도 시기에 대한 재 점검
일시적 가격변동	펌핑방에서 해당 종목을 다루고 있는지 기술적, 사업에 대한 중대한 기타 요소가 존재하는지 확인
기타 요소 확인	가까운 과거, 미래에 전체 시황, 해당 종목에 영향을 줄 수 있는 이슈에 대한 정리와 예상 결과 예측

가치투자 일지(날짜별)

	코인A	코인B	코인C	코인D	비고
매수가격					
목표가격					
1주일					
2주일					
3주일					
4주일					
5주일					
6주일					
7주일					
8주일					
9주일					
10주일					
11주일					
11주일					
12주일					
13주일					

한 눈에 보는 ICO 투자흐름

기획 구상

투자자

투자자

시장 조사

홍보 활동

투자자

자금 모집

신용

ICO의 결과보고
(가격 상승 등)

코인 개발
프로젝트 실행

ICO의 성공
(거래소 상장 등)

수익 배분

부동산/재테크/창업

나창근 지음 | 15,000원
302쪽 | 152×224mm

나의 꿈,
꼬마빌딩 건물주 되기

'조물주 위에 건물주'라는 유행어가 있듯이 건물주는 누구나 한 번은 품어보는 달콤한 꿈이다. 자금이 없으면 건물주는 영원한 꿈일까? 저자는 현재와 미래의 부동산 흐름을 읽을 줄 아는 안목과 자기 자금력에 맞춤한 전략, 꼬마빌딩을 관리할 줄 아는 노하우만 있으면 부족한 자금을 충분히 상쇄할 수 있다고 주장한다. 또한 액수별 투자전략과 빌딩 관리 노하우 그리고 건물주가 알아야 할 부동산지식을 알기 쉽게 설명한다.

박갑현 지음 | 14,500원
264쪽 | 152×224mm

월급쟁이들은 경매가 답이다
1,000만 원으로 시작해서 연금처럼 월급받는 투자 노하우

경매에 처음 도전하는 직장인의 눈높이에서 부동산 경매의 모든 것을 알기 쉽게 풀어낸다. 일상생활에서 부동산에 대한 감각을 기를 수 있는 방법에서부터 경매용어와 절차를 이해하기 쉽게 설명하며 각 과정에서 꼭 알아야 할 중요사항들을 살펴본다. 경매 종목 또한 주택, 업무용 부동산, 상가로 분류하여 각 종목별 장단점, '주택임대차보호법' 등 경매와 관련되어 파악하고 있어야 할 사항들도 꼼꼼하게 짚어준다.

나창근 지음 | 15,000원
296쪽 | 152×224mm

꼬박꼬박 월세 나오는
수익형부동산 50가지 투자비법

현재 (주)리치디엔씨 이사, (주)머니부동산연구소 대표이사로 재직하면서 [부동산TV], [MBN], [한국경제TV], [KBS] 등 방송에서 알기 쉬운 눈높이 설명으로 호평을 받은 저자는 부동산 트렌드의 변화와 흐름을 짚어주며 수익형 부동산의 종류별 특성과 투자노하우를 소개한다. 여유자금이 부족한 투자자도, 수익형 부동산이 처음인 초보 투자자도 확실한 목표를 설정하고 전략적으로 투자할 수 있는 혜안을 얻을 수 있을 것이다.

이형석 지음 | 18,500원
416쪽 | 152×224mm

빅데이터가 알려주는 성공 창업의 비밀
창업자 열에 아홉은 감으로 시작한다

국내 1호 창업컨설턴트이자 빅데이터 해석 전문가인 저자가 빅데이터를 통해 대한민국 창업의 현재를 낱낱이 꿰뚫어 보고, 이에 따라 창업자들이 미래를 대비할 수 있는 전략을 수립하게 한다. 창업자는 자신의 창업 아이템을 어떤 지역에 뿌리를 두고, 어떤 고객층을 타깃화해서 어떤 비즈니스 모델을 정할 것인지 등 일목요연하게 과학적으로 정리해 볼 수 있을 것이다.

김태희 지음 | 18,500원
412쪽 | 152×224mm

불확실성 시대에 자산을 지키는
부동산 투자학

부동산에 영향을 주는 핵심요인인 부동산 정책의 방향성, 실물경제의 움직임과 갈수록 영향력이 커지고 있는 금리의 동향에 대해 경제원론과의 접목을 시도했다. 따라서 독자들은 이 책을 읽으면서 부동산 투자에 대한 원론적인, 즉 어떤 경제여건과 부동산을 둘러싼 환경이 바뀌더라도 변치 않는 가치를 발견하게 될 것이다.

이재익 지음 | 15,000원
319쪽 | 170×224mm

바닥을 치고 오르는
부동산 투자의 비밀

이 책은 부동산 규제 완화와 함께 뉴타운사업, 균형발전촉진지구사업, 신도시 등 새롭게 재편되는 부동산시장의 모습을 하나하나 설명하고 있다. 명쾌한 논리와 예리한 진단을 통해 앞으로의 부동산시장을 전망하고 있으며 다양한 실례를 제시함으로써 이해를 높이고 있다. 이 책은 부동산 전반에 걸친 흐름에 대한 안목과 테마별 투자의 실전 노하우를 접할 수 있게 한다.

김태희, 동은주 지음
17,000원
368쪽 | 153×224mm

그래도 땅이다
불황을 꿰뚫는 답, 땅에서 찾아라

올바른 부동산투자법, 개발호재지역 투자 요령, 땅의 시세를 정확히 파악하는 법, 개발계획을 보고 읽는 방법, 국토계획 흐름을 잡고 관련 법규를 따라잡는 법, 꼭 알고 있어야 할 20가지 땅 투자 실무지식 등을 담은 책이다. 이 책의 안내를 따라 합리적인 투자를 한다면 어느새 당신도 부동산 고수로 거듭날 수 있을 것이다.

최종인 지음 | 14,500원
368쪽 | 153×224mm

춤추는 땅투자의
맥을 짚어라

이 책은 땅투자에 대한 모든 것을 담고 있다. 땅투자를 하기 전
기초를 다지는 것부터 실질적인 땅투자 노하우와 매수·매도할
타이밍에 대한 방법까지 고수가 아니라면 제안할 수 없는 정보
들을 알차게 담아두었다. 준비된 확실한 정보가 있는데 땅투자
에 적극적으로 덤비지 않을 수가 없다. 이 책에서 실질적 노하
우를 얻었다면 이제 뛰어들기만 하면 될 것이다.

주식/금융투자

북오션의 주식/금융 투자부문의 도서에서 독자들은 주식투자 입문부터 실전 전
문투자, 암호화폐 등 최신의 투자흐름까지 폭넓게 선택할 수 있습니다.

박대호 지음 | 20,000원
200쪽 | 170×224mm

고양이도 쉽게 할 수 있는
가상화폐 실전매매 차트기술

이 책은 저자의 전작인《암호화폐 실전투자 바이블》을 더욱 심
화시킨, 중급 이상의 투자자들을 위한 본격적인 차트분석서이
다. 가상화폐의 차트의 특성을 면밀히 분석하고 독창적으로 체
계화해서 투자자에게 높은 수익률을 제공했던 이론들이 고스
란히 수록되어 있다. 이 책으로 가상화폐 투자자들은 '고인판에
맞는' 진정한 차트분석의 실제를 만나 볼 수 있다.

박대호 지음 | 20,000원
200쪽 | 170×224mm

암호화폐 실전투자 바이블
개념부터 차트분석까지

고수익을 올리기 위한 정보취합 및 분석, 차트분석과 거래전략
을 체계적으로 설명해준다. 투자자 사이에서 족집게 과외·강
연으로 유명한 저자의 독창적인 차트분석과 다양한 실전사례
가 성공투자의 길을 안내한다. 단타투자자는 물론 중·장기투자
자에게도 나침반과 같은 책이다. 실전투자 기법에 목말라 하던
독자들에게 유용할 것이다.

최기운 지음 | 18,000원
424쪽 | 172×245mm

10만원으로 시작하는
주식투자

4차산업혁명 시대를 선도하는 기업의 주식은 어떤 것들이 있을까? 이제 이 책을 통해 초보투자자들은 기본적이고 다양한 기술적 분석을 익히고 그것을 바탕으로 향후 성장 유망한 기업에 투자할 수 있는 밝은 눈을 가진 성공한 가치투자자가 될 수 있다. 조금 더 지름길로 가고 싶다면 저자가 친절하게 가이드 해준 몇몇 기업을 눈여겨보아도 좋다.

최기운 지음 | 15,000원
272쪽 | 172×245mm

케.바.케로 배우는 주식
실전투자노하우

이 책은 전편 『10만원 들고 시작하는 주식투자』의 실전편으로 주식투자 때 알아야 할 일목균형표, 주가차트와 같은 그래프 분석, 가치투자를 위해 기업을 방문할 때 다리품을 파는 게 정상이라고 조언하는 흔히 '실전'이란 이름을 붙인 주식투자서와는 다르다. 주식투자자들이 가장 알고 싶어 하는 사례 67가지를 제시하여 실전투자를 가능하게 해주는 최적의 분석서이다.

곽호열 지음 | 19,000원
244쪽 | 188×254mm

초보자를 실전 고수로 만드는
주가차트 완전정복

이 책은 주식 전문 블로그 〈달공이의 주식투자 노하우〉의 운영자 곽호열이 예리한 분석력과 세심한 코치로 입문하는 사람은 물론 중급자들이 놓치기 쉬운 기술적 분석을 다양하게 선보인다. 상승이 예상되는 관심 종목 분석과 차트를 통한 매수·매도 타이밍 포착, 수익과 손실에 따른 리스크 관리 및 대응방법 등 주식시장에서 이기는 노하우와 차트기술에 대해 안내한다.

정광옥 지음 | 17,000원
312쪽 | 171×225mm

600원으로 시작하는 주식투자 첫걸음
신문에서 배우는 왕초보 주식투자

신문 기사 분석을 통해 초보 투자자들이 흔히 범하기 쉬운 실수를 소개하고, 실패를 최소화하는 방법을 알려준다. 저자는 성급하게 뛰어들기보다는 장기적으로 가치 투자와 분산투자를 기본으로 생각하라고 일러준다. 또한 기업 분석법, 매매 기법 등을 설명하면서 각 사례에 해당되는 신문 기사를 보여준다. 다만 투자자의 눈으로 읽으라는 충고를 잊지 않는다.